PARADOXICAL THINKING

矛盾に満ちた世界で
最適な問題解決をはかる

パラドックス思考

舘野泰一
立教大学経営学部
准教授

安斎勇樹
株式会社
MIMIGURI代表取締役
Co-CEO

ダイヤモンド社

はじめに

私たちは日々、ややこしい問題に悩まされています。

●マネージャーとして部下を管理しながら、個人予算を達成しなければならない
●月次目標を達成しながら、新規顧客を開拓しなければならない
●組織変革しながら、チームのモチベーションを維持しなければならない
●リモートワークしながら、チームの一体感を生み出さなければならない
●今までやったことのない新しい事業に挑戦しながら、会社として失敗は許されない
●〝炎上〟を回避しながら、ＳＮＳのフォロワーを増やして個人の発信力を高めたい
●仕事で忙しいが、読書や学習などインプットの時間を確保し、家族と過ごす時間も増やしたい

世の中に目を向ければ、「VUCA《ヴーカ》の時代」[*1]と言われ、何が起こるか予測できず、どこへ向かうべきか明確な答えを出せず、途方に暮れるばかり。SNSは二元論に溢れ、毎日のように〝炎上〟が起こり、思わず目を背けたくなることもあります。

どうしてこんなにややこしいのでしょうか？　その背景には、「**パラドックス（矛盾）**」の存在があります。

パラドックスとは、一見すると正しそうに見える前提から考えを進めた結果、矛盾した結論が導かれる問題のことを指します。

たとえば、チームの成果を上げたいとき、「仕事の効率性を高める」もしくは「仕事の創造性を高める」と考えるのは、適切なアプローチでしょう。

しかし、これらを同時に実行しようとすると、途端に難易度が上がります。

効率化のためにルールやマニュアルに頼りすぎると、チームメンバーが主体性を失い、創造性が損なわれてしまうかもしれない。創造性を発揮しようとすると、効率を度外視してダイナミックな実験が必要となってくる――。

そうやって両立させるのが到底困難な〝無理ゲー〟状態になり、身動きが取れなくなってしまうのです。

二者択一ばかりの世の中で

人はこうした矛盾した状況に置かれると、大きなストレスを感じます。自覚していようといまいと、そのストレスを軽減するために「効率性か?創造性か?」という二者択一の問いに置き換え、「どちらかに正しい答えがあり、どちらかを選ぶ必要がある」と単純化してしまいがちです。

そう、私たちはいつだって「正しい答え」を求めてしまいます。

- トップダウンかボトムアップか?
- ジョブ型雇用かメンバーシップ型雇用か?
- 会社員かフリーランスか?

こうした二者択一の問いには、社会構造とも複雑に絡み合い、自分一人では手に負えないものも多々あります。するとますます〝無理ゲー〟に感じられ、途方に暮れてしまうの

＊1 Volatility（変動性）・Uncertainty（不確実性）・Complexity（複雑性）・Ambiguity（曖昧性）の頭文字。不確実で将来の予想をするのが難しい状況のこと

です。実際、これらは独立した問題ではなく、相互に絡み合っています。

●トップダウンで大胆な組織改革を実行したものの、現場の課題意識と乖離しており、離職者が相次いでしまった

●ジョブ型雇用でプロフェッショナル人材を採用しようとしたが、適した人材がなかなか見つからず、慢性的な人不足に陥ってしまった

●思い切ってフリーランスになったものの、会社のネームバリューが使えず、思うように顧客をつかむことができなかった

……といったように、思い切ってどちらかを選択したものの、思うような成果を出せず、ますます〝無理ゲー〟の深みに陥ってしまうこともあるのです。

論理的な整合性の背後にある「感情」

●トップダウンかボトムアップか？

●ジョブ型雇用かメンバーシップ型雇用か？

●会社員かフリーランスか？

こうした問いには、厳密な正しさを前提とした「論理パラドックス」（詳しくは第1章で後述します）の他に、もう1つのパラドックスが存在します。矛盾した2つの感情が対立する、自分自身の内面にある「**感情パラドックス**」です。

●トップダウンで自分の意見を通したいけれど、ボトムアップで従業員から主体的な意見をもらって、戦略の精度を高めたい

●ジョブ型雇用で自分の専門性を発揮して働きたいけれど、本当は自分が何に向いているかわからないから、メンバーシップ型雇用で適性を見極めてもらいたい

●フリーランスとして自分が本当にやりたいことをやりたいけれど、会社員としての安定も手放したくない……

感情パラドックスに目を向けてみると、実に人間らしい、矛盾に満ちた〝曖昧さ〟が浮き彫りになります。

ややこしい問題を解決するためには、まず自分の「感情パラドックス」を解きほぐさなければならない。筆者らはこの「感情パラドックス」に目を向け、今までにない新たな問

題解決の方法論を探ることにしました。

海外で注目されつつある「パラドックス」

筆者の一人である舘野泰一は、立教大学経営学部の准教授を務める傍ら、株式会社MIMIGURIにもリサーチャーとして籍を置き、企業における人材育成や大学教育を領域に研究活動を行ってきました。

研究室では、リーダーシップ開発・教育に関する研究に取り組んでおり、オーセンティック・リーダーシップやシェアド・リーダーシップなどの考えを背景に、「自分らしさを活かした全員発揮のリーダーシップ」について研究を進めています。

その中で着目するようになったのが、「矛盾」についてです。たとえば、リーダーに「自分らしさ」や「一貫性」は大事ですが、それに縛られすぎて、かえってうまくリーダーシップが発揮できなくなったり、責任が曖昧になってしまい、結果が出なくなったりすることがあります。この矛盾を解かないことには、適切にリーダーシップを発揮することができないのです。

筆者はそんな課題意識を持っていたところ、近年海外研究を中心に「パラドックス理論」や「パラドキシカル・リーダーシップ」が注目されていることに気づきました。たとえば、「ハーバード・ビジネス・レビュー」（２０１６）では“Both/And” Leadershipとして、リーダーが「Ａ or Ｂ（二者択一）」ではなく「Ａ and Ｂ（両立）」を前提としたマインドセットと行動を行うことの重要性が提示されています。[*2]
また、北京大学の研究チーム（２０１９）は、「パラドキシカル・リーダーシップ行動（ＰＬＢ）」という概念と尺度を開発し、長期的にＡ and Ｂを同時に受け入れて調和させるアプローチを研究しています。

これらを参考にしながらも、「矛盾」を捉える新たな考え方を提案する必要性を感じていました。

もう一人の筆者の安斎勇樹は、株式会社ＭＩＭＩＧＵＲＩの代表取締役Ｃo-ＣＥＯを務めながら、東京大学大学院情報学環の特任助教として、企業経営と研究活動を往復しながら、人と組織の創造性を最大限に高める方法論について研究してきました。

問題解決における「問い」の立て方を体系化した著作『問いのデザイン』（学芸出版社）

＊2　Smith, W. K., Lewis, M. W., & Tushman, M. L. (2016) “Both/And” Leadership. *Harvard Business Review*, 94(5), 62-70

と、チームのポテンシャルを最大化する「問いかけ」の方法論を実践的に網羅した著作『問いかけの作法』（ディスカヴァー・トゥエンティワン）はいずれもベストセラーとなり、多くのビジネスパーソンに影響を与えました。

安斎もまた、舘野とともに「矛盾」にかねてより注目し、探究してきた一人です。チームのファシリテーションにおける「矛盾した問いかけ」の効果について実証研究を重ねてきた他、現在ではMIMIGURIの経営をフィールドに「矛盾」を活用した組織マネジメントを実践するなど、10年以上にわたって人と組織の創造性の根源としての「矛盾」の魅力とメカニズムを追い求めてきました。

互いに触発されながら研究活動を行ってきた筆者らが、初めての共著としてどんなテーマを論じるべきか。議論を重ねていく中で、研究テーマとしてこれまでたびたび俎上《そじょう》に載せられた「パラドックス」について、その向き合い方と対処法を、先行研究の知見をもとに、筆者ら独自の考察と研究成果を加えた上で、新たな方法論として提示することにしました。

それが、「**パラドックス思考**」です。

「パラドックス思考」で矛盾を〝手懐《てなず》ける〟

本書が提案する「パラドックス思考」とは、問題の背後にある「感情パラドックス」に着目することで、矛盾に満ちたややこしい問題の解決法を体系化したものです。

第1章では、現代社会特有の「厄介な問題」から引き起こされる「パラドックス」の外的・内的要因を紐解き、パラドックス思考とは何かを概説します。

第2章では、パラドックスを生み出す〝心〟の構造に迫り、なぜ私たちが矛盾した感情に振り回されてしまうのか、神経科学や行動心理学などの見地から探ります。

第3章では、社会や組織といった私たちが属するこの世界から、パラドックスを生み出す構造を解説。降りたくても降りられない〝無理ゲー社会〟で生きる私たちの現在地を示します。

第4章では、感情パラドックスを5つの基本パターンに整理。

パラドックスの基本パターン

1 パターン【素直⇅天邪鬼《あまのじゃく》】
2 パターン【変化⇅安定】
3 パターン【大局的⇅近視眼的】

4　パターン【もっと⇅そこそこ】
5　パターン【自分本位⇅他人本位】

それぞれどんな仕組みで感情パラドックスが起こるのかを解説し、その典型的な場面を例示します。

第1～4章の理論編を経て、第5章からはいよいよ「パラドックス思考」の実践編。第5～7章では、パラドックス思考を3つのレベルに整理して、それぞれの方法について説明していきます。

パラドックス思考の3つのレベル

レベル❶　感情パラドックスを受容して、悩みを緩和する
レベル❷　感情パラドックスを編集して、問題の解決策を見つける
レベル❸　感情パラドックスを利用して、創造性を最大限に高める

これら3つのレベルは、感情パラドックスとの向き合い方と解決法、活用法を示したものです。レベル❶から順番に難易度は高くなっていきますが、レベル❸までたどり着けば、きっと「その手があったか！」と納得し、パラドックスそのものを楽しむ境地にも達する

はずです。

第5章では「レベル❶　感情パラドックスを受容して、悩みを緩和する」を解説。実践的なテクニックに基づき、自らの悩みと向き合い、感情パラドックスを発見することで、矛盾した感情を受け入れ、少し心が楽になる方法を提示します。

第6章では「レベル❷　感情パラドックスを編集して、問題の解決策を見つける」を解説。感情パラドックスを「切替戦略」「因果戦略」「包含戦略」の3つの戦略によって解きほぐし、両立できるものとして編み直します。つまり、「A and B」を実現し、シナジーを生み出すアプローチや、「A and B」を超えた「C」を見出すための解決策を提案します。

そして第7章では、「レベル❸　感情パラドックスを利用して、創造性を最大限に高める」に挑戦します。パラドックス思考は、世の中に溢れるややこしい問題を解決するだけの手段ではありません。自ら積極的に矛盾を生み出すことで、戦略的に創発を引き起こし、思いも寄らない価値を生み出すことができるのです。この章では、商品開発や事業開発、組織開発、あるいは自らのキャリアデザインなど、働く人が日々直面する課題に対し、クリエイティブな方法論を提示します。

人間はめんどくさいけれど、愛らしい存在

矛盾を解きほぐすためには、「人間はめんどくさいけれど、愛らしい存在である」という前提に立つことが大切です。

「めんどくさい」とは、ついつい矛盾した感情を持ってしまう人間の様子のことを指しています。

パラドックスの問題は組織に限りません。むしろ個人的なことにこそ、矛盾があらわとなります。たとえばコロナ禍を経て、地方移住やリモートワークにシフトした人も周囲に数多く、羨ましいと思う一方、

「地方で自然に溢れた暮らしをしたいけれど、都会の便利な生活を手放したくない」

「一人で働くのは気ままだけれど、ずっと一人なのはさみしい」

などと「どっちやねん！」と自分にツッコミを入れたくなることもしばしば。そんな矛盾した感情が生じるのは、ごく自然なこと。それこそが人間の本質でもあるのです。

私たちが「ややこしい問題」の深みにはまってしまうのは、本当は複合的な要因が絡んだ問題を、安易に「A or Bの問い」にしてしまい、どちらかを悪者にしてしまったり、「存在してはいけないもの」としてしまったりすることにあります。どちらかを否定すればするほど、問題はより絡まっていってしまいます。

人や組織にとって、矛盾をゼロにすることはできません。ですから、矛盾した感情を持つことを否定しても、問題は解決できません。

つまり、人間が矛盾した感情を持つ「めんどくさい」存在であることを「愛らしい」と〝受容〟することが、突破口を開く鍵になります。実は、矛盾や曖昧さを受容するだけでも、大きくストレスが軽減します。

パラドックス思考の最初のステップは、自分の中の「感情パラドックス」の存在を認めることです。

まじめな顔で「矛盾なんてありえない！ 一貫しているべき！」としてはいけません。「田舎に住みたいのに、便利さも求めるなんて、自分は欲張りだなあ」と思って、一度クスッとひと笑いしましょう。どうでしょうか。そんな自分を認められたときに、少し愛らしく感じられ、ホッとするのではないでしょうか。

もちろん本書では、矛盾に満ちた感情を受け入れるだけでなく、矛盾の解決法、さらにはそれらを創造的に活用する方法をさまざまな角度から提示していきます。

あなたが「パラドックス思考」を身につけ、この複雑な世界と折り合いをつける一助になれば幸いです。

PARADOXICAL THINKING

パラドックス思考　目次

PART 1 理論編

第2章 パラドックスを生み出す〝心〟の構造

第4章 パラドックスの基本パターン

PART 2 実践編

第5章 パラドックスを受容して、悩みを緩和する

第6章 パラドックスを編集して、問題の解決策を見つける 229

OXICAL

NG

PARAD

PART 1

理論編

THINKI

1

第1章

パラドックス思考とは何か

1.1

現代社会の〝厄介〟な問題

現代社会に渦巻く「ややこしい問題」の特徴

現代社会は、すぐには答えが出せずに投げ出したくなるような「ややこしい問題」で溢れています。

「環境問題」「労働者の賃金」「ウイルスとの共生」など、誰かのせいにして目を背けたくなるような問題から、「どのような暮らし方が自分にとって幸せか？」といったような、考えるのはワクワクするけれど簡単には答えが出せない問題まで、さまざまです。

こうしたややこしい問題は、学術的には「**厄介な問題**（Wicked Problems）」と表現されます。[*3]

「厄介な問題」の特徴は、さまざまな変数が複雑に絡み合っているため、事前に問題が解決した「ゴール状態」を定義することができず、どこから手をつけてよいのかわからない点です。そのために、解決したことによってしかその問題の性質を理解できない点が「厄介さ」の要因です。

たとえば「どのような暮らし方が自分にとって幸せか？」という問題は、典型的な「厄介な問題」です。

新型コロナウイルス感染症が拡大し、ウイルスを根絶するのではなくどうやら「共生」する社会のあり方が見えてきました。仕事にもリモートワークが導入され、都心で働いていたけれど地方移住を決断するビジネスパーソンも増えています。

しかしこの先も同様の状況が続くのか、働き方がどのように変わるのか、社会状況はまったく見えません。自分自身の価値観も揺らぎ、そもそも「自分にとっての幸せ」を定義できない状態で、「幸せな暮らし方」を見定めて意思決定するのは困難です。

それこそ「やってみなければわからない」問題で、あれこれ「暮らし方」を具体的に変えながら試してみて「これこそが幸せだ」と思える瞬間がくれば、そのときに「問題が解けた」ことになります。

＊3 Buchanan, R. (1992) Wicked problems in design thinking. *Design issues*, 8(2), 5–21

けれども「解けた」感覚が未来永劫続くとは限りません。暮らしているうちに飽きてしまうかもしれませんし、また社会の状況が大きく変わってしまうかもしれません。

さしあたり「幸せと思える暮らし方」の暫定解を発見して、実践しながら試行錯誤し続けるしかない。これが「厄介な問題」の特徴です。

ビジネス書に頻出する「VUCA」という言葉の本質

「厄介な問題」の性質をさらに深めるために「ＶＵＣＡ《ヴーカ》」について説明します。「ＶＵＣＡ」は、今ではあらゆるビジネス書の背景に頻出するようになりました。

あまりによく出てくるため、「ＶＵＣＡ」が視界に入ると衝動的に読み飛ばしたくなるかもしれませんが、あらためてこの言葉の意味を読み解いてみると、「厄介な問題」の性質がわかり、なぜパラドックス思考が必要となるのかが理解できます。

ＶＵＣＡとは、Volatility（変動性）、Uncertainty（不確実性）、Complexity（複雑性）、Ambiguity（曖昧性）の頭文字を取った言葉で、元々は軍事用語でしたが、近年になってビジネスの外部環境の様相を説明する言葉として普及しています。

ＶＵＣＡの本質を一言でいうと「わからなさ」にあります。４つの変数を「Ｖ＆Ｕ」と

図表1 「VUCA」という言葉の本質

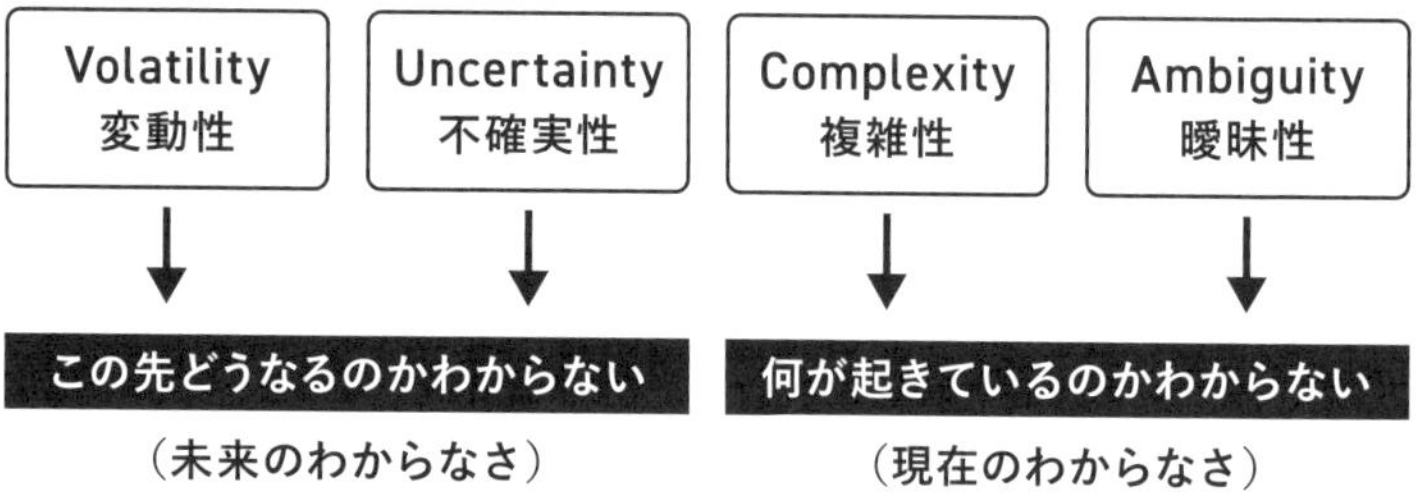

「C&A」に分けて整理すると、現代社会に蔓延《まんえん》する「わからなさ」の性質がくっきりと見えてきます。

V&U→この先どうなるのかわからない

Volatility（変動性）とUncertainty（不確実性）は、外部環境が目まぐるしく変化し、先行きの見通しが立たない状態、すなわち「この先どうなるのかわからない」状況につながります。いわば「未来のわからなさ」です。

C&A→何が起きているのかわからない

Complexity（複雑性）とAmbiguity（曖昧性）は、今目の前で起きている事象の要因が複層的で「いったい何が起こっている?」「どうしてこうなった?」と思えるような事態につながります。すなわち「何が起きているのかわからない」状況です。いわば「現在のわからなさ」といえるでしょう。

この先どうなるのかわからない。今何が起きているのかす

図表2 現在と未来の「わからなさ」がもたらす問題解決の悩み

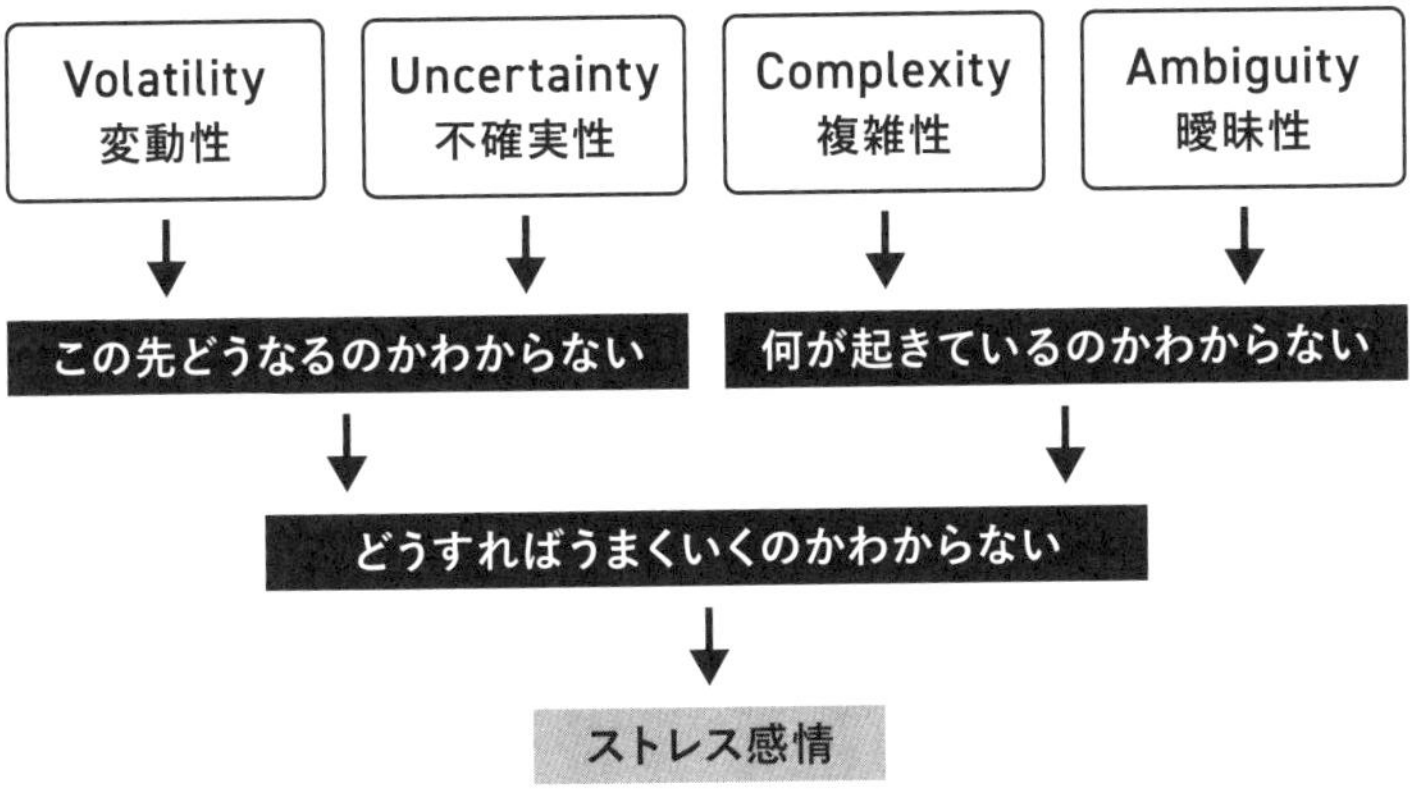

らわからない。このように視界にモザイクがかかったような状態に置かれると、「どうすればうまくいくのかわからない」という問題解決における根源的な悩みに帰着します。

漠然とした閉塞感や焦燥感だけが残されたまま、いったい何が解決すべき問題なのか、その輪郭すらつかめなくなる。これが〝無理ゲー〟に立ち向かわなければならない我々のストレスの源です。

外的なストレスが「感情のわからなさ」を生み出す

人間は「わからなさ」だらけのストレスフルな状況に立たされると、今度は「自分が何がしたいのかわからない」という内なる「感

図表3　外的なストレスが「感情のわからなさ」を生み出す

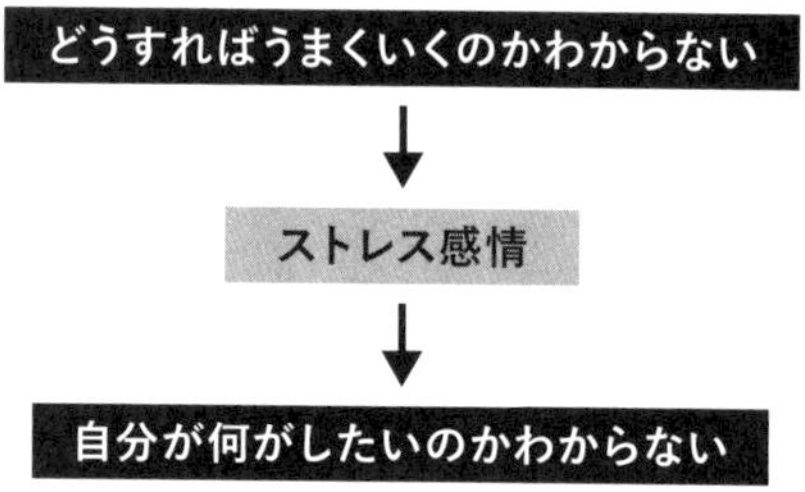

情のわからなさ」に悩まされます。

頑張ってもうまくいくかどうかわからない。そもそも何を頑張ればいいのかさえわからない。そのような状況では、次第に人は無気力になり、「どうせ頑張っても仕方がない」と考えるようになり、内的な欲求そのものが忘れ去られてしまいがちです。

このように、先行きが見えず、不安定で、努力しても報酬が得られるかどうかわからない外部環境に置かれ続けていると、私たちは外部環境に適応することに必死になり、肝心の「自分たちは何がしたいのか」という根源的な感情から、目を背けるようになっていくのです。

さらにＶＵＣＡは、私たちの「リソース（人手、物資、予算、時間など）」を慢性的に枯渇させます。

これによって考えるための精神的余裕と体力が奪われ、ますます「わからない」状況が悪化していく。これがＶＵＣＡが「厄介な問題」をより「厄介」にさせる構造なのです。

図表4　不確実な環境における「わからなさ」の連鎖構造

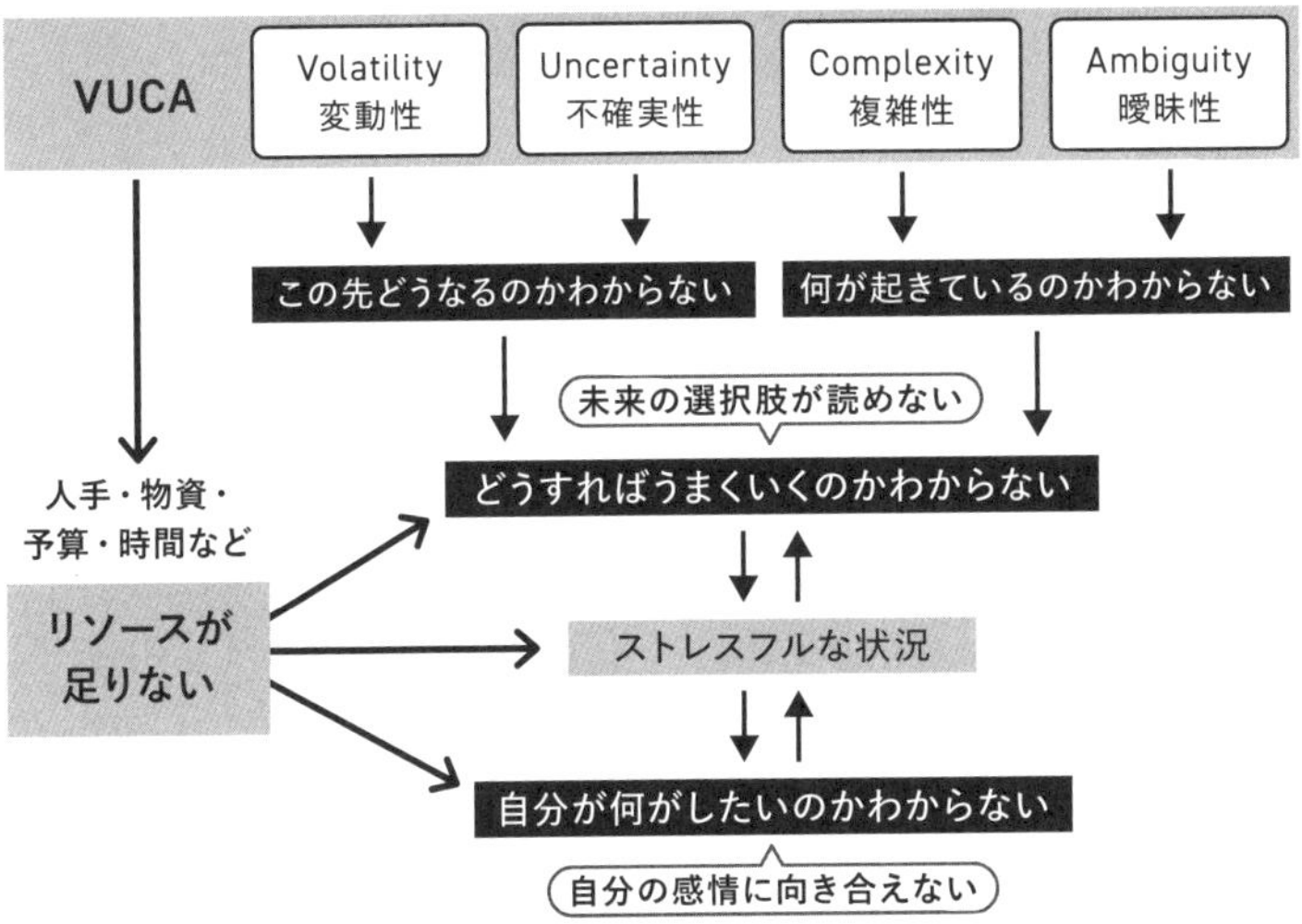

このように未来の選択肢が読めず、自分の感情にもうまく向き合えない状況において、私たちはさまざまな「矛盾」を目の当たりにします。

この「矛盾」という現象に着眼することで「厄介な問題」に立ち向かおうとする考え方が、本書で提案する「パラドックス思考」です。

次節からは、「パラドックス思考」においてキーワードになる「感情パラドックス」の性質について見ていきましょう。

1.2 感情パラドックスとは何か

パラドックスとは何か？

本書のキーワードである「パラドックス」とは何を意味しているのか。定義と範囲について、明確にしておきましょう。

「パラドックス（paradox）」とは、辞書で調べると「矛盾した状態」「理屈に合わないこと」「逆説」といった説明が出てきます。聞いたことはあるけれど、日常生活ではあまり耳にしない言葉かもしれません。

もう少し踏み込んで調べてみると「一見すると正しそうに見えるけれど、その前提から考えを進めた結果、誤った結論が導かれる問題」のことを、パラドックスと呼ぶようです。

思考過程の「正しさ」を追求する「論理学」や「数学」などの領域で登場する言葉です。

たとえば「自己言及のパラドックス」と呼ばれる問題が有名です。これは紀元前600年頃に、古代ギリシャのクレタ島出身の哲学者エピメニデスが「クレタ人はいつも嘘をつく」という言葉を残した逸話から、パラドックスの具体例としてよく登場します。

もし「クレタ人はいつも嘘をつく」という仮説を正しいと信じるならば、この言葉を残したクレタ人であるエピメニデス自身が、嘘をついていることになります。したがって、前提としていた仮説は誤っていることになります。

もし「クレタ人はいつも嘘をつく」という仮説が誤りであれば、どうでしょうか。それはそれで、正直者であるはずのエピメニデスの発言「クレタ人はいつも嘘をつく」が真になってしまうため、仮説に矛盾が生じます。

この問題が複雑なのは、クレタ人であるエピメニデス自身が、クレタ人について言及しているためです。それゆえ「自己言及のパラドックス」と呼ばれます。

問題の背後に「クレタ人は嘘をつく」「エピメニデスはそれを真実として主張する」という2つの「矛盾した主張」が混在していることから、論理的に答えが出せなくなってしまう。このように、片方の主張を「正しい」として思考を進めた結果、元の主張が「誤り」になってしまう状態を、論理学ではパラドックスと言うのです。

論理パラドックスと感情パラドックス

しかし本書『パラドックス思考』は、何もこうした論理学や数学のような「正しさ」を第一とする学問に依拠して、問題を解決しようとする試みではありません。

そもそも現実社会の私たちの思考過程やコミュニケーションはもっと曖昧で、必ずしも論理的な厳密さは求めません。

もし信頼する職場の上司から「私の仮説はたいてい間違っているから、信用しないでくださいね」と言われたら、あなたはどう反応しますか?

クレタ人のエピソードを思い出して「だとすれば、その仮説自体も間違っていることになるのでは?」などと、論破はしませんよね。

私たちは想像力という武器を持っていて、「感情」に従って生きています。相手の言いたいであろうメッセージを何となく汲み取って、論理的な曖昧さを許容しながら、コミュニケーションを進めていくはずです。

前述の上司の発言も、論理的に破綻しているのではなく、基本的には「上司として信頼してほしい」けれども「あまり意見を鵜呑《うの》みにしないでほしい」という感情的なパラドックスの中で、このような曖昧な発言をしているはずです。

前節で述べた通り、現実社会における「厄介な問題」は、論理的な不整合よりも、外部

図表5　論理パラドックスと感情パラドックスの違い

Logical Paradox
論理パラドックス

問題の背後に、矛盾する「**主張A**」と「**主張B**」が存在する
どちらかを正しいと仮定すると、**論理的に正しい答え**が出せなくなる状態

Emotional Paradox
感情パラドックス

問題の背後に、矛盾する「**感情A**」と「**感情B**」が存在する
どちらかの感情を優先すると、**納得のいく答え**が出せなくなる状態

環境の〝わからなさ〟の中で発生する、感情のパラドックスによって起こります。

本書が提案するパラドックス思考は、厳密な正しさを前提にする「論理パラドックス」に目を向けるのではなく、**曖昧さを生きる人間社会に特有の「感情パラドックス」に着目する点が特徴**です。

論理パラドックスとは、問題の背後に、矛盾する主張Aと主張Bが存在するような問題です。前述した「クレタ人は嘘をつく（主張A）」「エピメニデスはそれを真実として主張する（主張

B)」のようなものです。このどちらかを「正しい」と仮定しながら推論を進めると、どちらかの辻褄《つじつま》が合わなくなり、論理的な答えが出せなくなる問題です。

感情パラドックスとは、問題の背後に、矛盾する感情Aと感情Bが存在するような問題です。このどちらかの感情を優先すると、対極の感情が蔑《ないがし》ろにされ、結果として納得のいく答えが出せなくなるような問題です。

論理パラドックス

問題の背後に、矛盾する主張Aと主張Bが存在する

どちらかを正しいと仮定すると、論理的に正しい答えが出せなくなる状態

感情パラドックス

問題の背後に、矛盾する感情Aと感情Bが存在する

どちらかの感情を優先すると、納得のいく答えが出せなくなる状態

「自由に働きたい」という感情が生み出すパラドックス

広告代理店の企画職として働いていたある30代前半の女性のケースを例に考えてみましょう。

女性は、現職の仕事にやりがいと成長を感じながらも、クライアントを自分の意思では選べず、強制的にアサインされてしまうことや、自分の渾身の企画が上司の一存で却下され、日の目を見ずにお蔵入りにされてしまった経験などから、「会社に縛られずに、自由に働きたい」という感情が芽生えつつありました。

キャリアと自己実現のために、この感情は尊重されるべき大切な欲求です。彼女は「心の声」に従って、思い切って会社を辞めて独立することを決意しました。

早速、自分のウェブサイトを公開し、以前から興味があった業界の企業に片っ端から営業をかけました。最初のうちは相手にされませんでしたが、個人ならではのリーズナブルな価格設定が功を奏して、徐々に受注できるようになっていきました。

ところが気づけば、価格が安い分、以前よりも多くの案件を同時にこなさなければならず、徐々に余裕がなくなっていきました。

また、以前は発生しなかった事務作業や経理の仕事まで、自分で担当しなければいけません。さらには納品に追われながら、新規に営業もかけなければいけません。

念願だった「自由」を獲得したつもりだったのに、なぜ自分はこんなにも「やるべき仕事」に追われているのだろうか。得意な「企画」の仕事だけを与えてもらっていた元の職場のほうが、自由で幸せだったのではないか？　まさにパラドックスです。

これはこの女性にとって「自分にとって最適な働き方を見つける」という、すぐには答えが出せない「厄介な問題」の背後にある「縛られずに自由に働きたい」という1つの感情のみを優先してしまった結果です。

大事なことは、矛盾する「もう1つの感情」にも同時に着目することです。

現在の職場の中で、自分が受けている恩恵は何か。どこに心地よさを感じているか。〝自由でない〟ことによって享受しているメリットは何かないだろうか。

そのように自問自答していくと、女性はこれまで上司がうまく案件数をセーブし、企画以外の仕事を会社がサポートしてくれていたことで、仕事の範囲が制限されていた点は、自分にとって望ましい状態だったことに気がつきました。

すなわち「縛られずに自由に働きたい」という感情の裏側には、「適度に管理されたい」といった矛盾した感情が存在していることが見えてきました。

感情Ａ：縛られずに自由に働きたい
感情Ｂ：適度に管理されたい

このように整理しただけでは、これらは簡単には両立し、解消することはできません。けれども問題の背後に「矛盾した感情」が存在していることを認識できたことによって、単に「独立する」だけでは、心から納得がいく解決策は得られないことに気がつきます。

このどちらかのみを「正」として優先するのではなく、まずはこの「感情パラドックス」を発見し、受け入れること。それだけでも、焦る気持ちが落ち着き、悩みが緩和されます。そして、思いも寄らない突破口が見つけられるかもしれません。

2つの感情を見つけ出すことが、「厄介な問題」に立ち向かうための第一歩なのです。

寛容さは不寛容を助長する？あらかじめ矛盾を許容する重要性

パラドックス思考のポイントは、「厄介な問題」に対峙した際に「あらかじめ」矛盾する2つの感情を発見することです。

どうせすぐには解決できない「厄介な問題」なのだから、取り組んでいるうちに自分の中に潜んでいる感情に気づくことができるはず——。そう思うかもしれませんが、なかなかうまくはいきません。

特定の感情のみを「正」として、それを満たそうと傾倒してしまうと、そこには歪んだ正義のようなものが発生して、矛盾関係にある別の感情を押し殺そうとしてしまうことがあるからです。

たとえば、あなたが昨今のSNSの誹謗中傷《ひぼうちゅうしょう》やヘイトスピーチに嫌気が差して、「もっと寛容な社会であるべきだ」と願うようになったとします。

この「寛容な社会を作りたい」という感情は、不寛容な現代社会において、尊重されるべき重要な願いです。

しかし「寛容な社会」を期待する人は少なくないはずなのに、それが実現されていないことからもわかる通り、これはなかなかに「厄介な問題」です。つまり背後には、必ず何らかの、人間の矛盾した感情が潜んでいるはずなのです。

それを無視して、「寛容な社会を作りたい」という感情のみを「正」として、具体的なアクションを起こしていくと、必ずさまざまな不都合が生まれます。

最初のうちは、この感情に従って、自分と異なる意見を持った人にも、積極的に耳を傾けることができるでしょう。自分とは真反対の価値観の人にも出会うでしょうが、寛容な社会のためであれば、そうした人の立場も受け入れられるかもしれません。

しかしいずれ必ず、あなたの目の前には、自分の正義に反するような、感情的に許しがたい人間が出現します。それは「寛容な社会など不要だ」「考えが異なる人は排除すれば

よい」と考えるような「不寛容な人」です。

ここであなたは、「不寛容な人間にも対しても、寛容でありたいのか？」というパラドックスを突きつけられるのです。

寛容の感情パラドックス

感情Ａ：寛容な社会を作りたい

感情Ｂ：排他的な人間には寛容でいたくない

これはイギリスの哲学者カール・ポパーが、１９４５年に提言した「寛容のパラドックス」です。本当に「寛容な社会」を作りたいのであれば、「不寛容な人には、不寛容であらねばならない」という矛盾を受け入れなくてはならないのです。

パラドックスとジレンマの微妙な違い

パラドックスによく似た意味を持つ言葉として「ジレンマ」があります。

ジレンマ（dilemma）とは、ある場面において、相反する「２つの選択肢」が存在して、

それぞれにメリットとデメリットがあって、簡単には決断しにくい状況を指します。いわゆる「板挟み」というやつです。

たとえば「報酬は高いけれど、面白くない仕事」と「面白いけれど、報酬が安い仕事」があって、時間が限られている際に「どちらを引き受けるか」について悩んでしまうような状況です。

ジレンマの特徴は、自分の「外側」に、明確に「A or B」の選択肢が存在していて、合理的な妥当解がなく、どちらを選んでも何らかの不利益が生まれる点です。しかし片側の選択肢の不利益に目を瞑《つむ》り、妥協しさえすれば、「えいや！」で決めてしまうことができる点も、ジレンマの特徴です。

前述した広告代理店の女性の例でいえば、「この会社に勤め続ける」か、あるいは「独立する」か、という2つの選択肢は「ジレンマ」であるといえます。基本的には両方を同時に叶えることはできませんから、葛藤の末に、どちらかを選択しなくてはなりません。

対して「感情パラドックス」とは、問題や意思決定のややこしさを生み出している、自分の「内側」にある「感情の矛盾」に焦点を当てた言葉です。それぞれ単独では〝自然な感情〟のように思えるけれど、同時に一人の人間の心の中に存在するのは「矛盾がある」ように思える感情を、「感情パラドックス」と呼んでいるのです。

図表6　ジレンマと感情パラドックスの違い

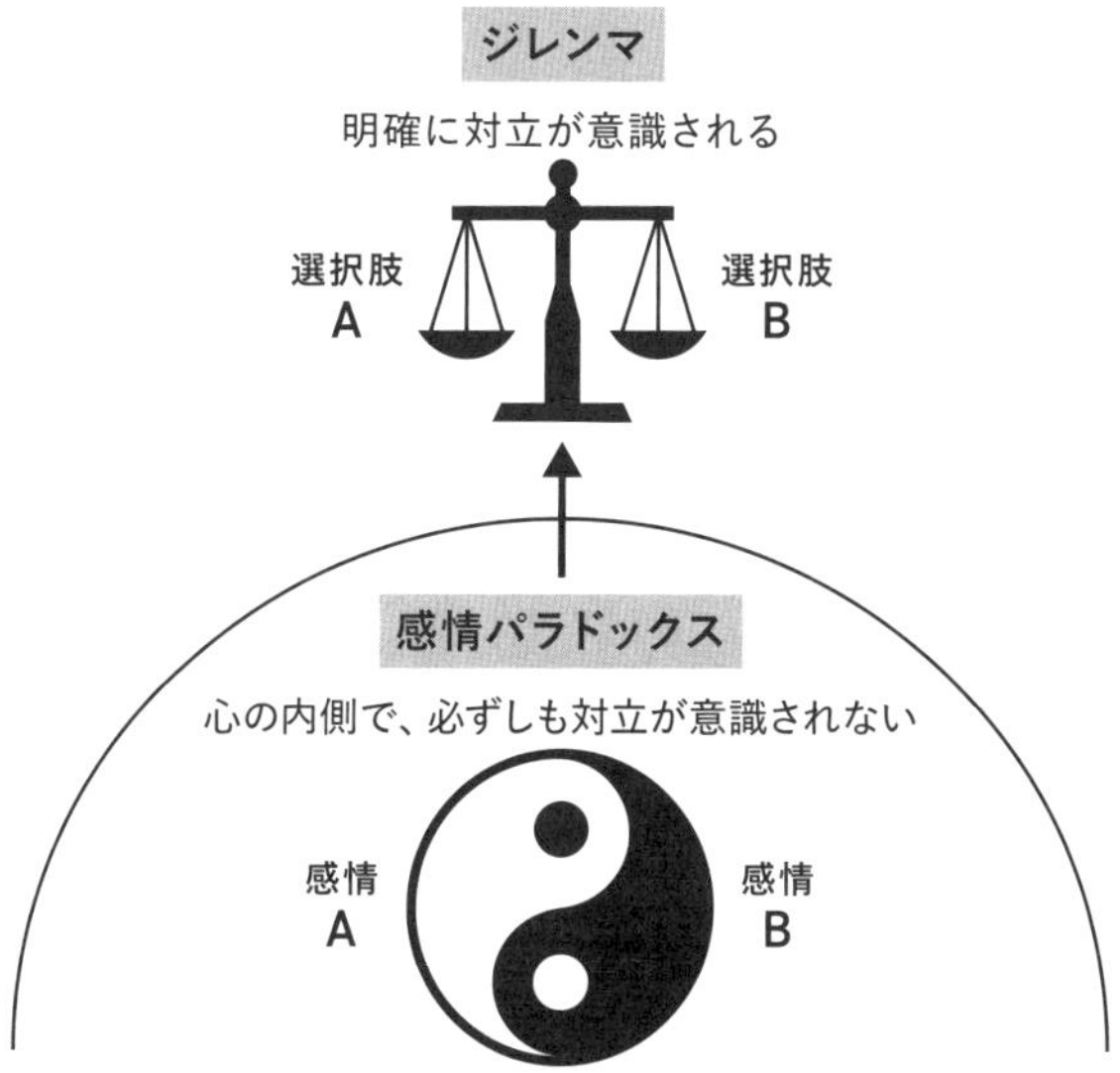

前述の女性でいえば、キャリアについて検討する際に「縛られずに自由に働きたい」という感情を抱くこと自体は、きわめて自然なことです。しかしその背後には、同時に「誰かに仕事を管理・制限してもらったほうが嬉しい」という感情も、たしかに存在しています。

こうした矛盾した感情の要素が心の中で無自覚に結びついているところが、人間の、奇妙で面白い性質なのです。

2つの感情は、必ずしも意識の中で「A or B」という形で「対立」はしていないかもしれません。むしろ、それらが一見すると「矛盾」していることに気づきにくいからこそ、そこに意識的に目を向けていく「パラドックス思

考」に意義があるのです。

ジレンマとパラドックスは明確に切り分けられませんが、前者は外側にある「問題」そのもので、後者は内面にある問題の「要因」に近いものだと理解しておきましょう。

人間は矛盾をすぐに「なかったこと」にしたがる

矛盾という言葉の由来は、「どんな盾をも貫く矛《ほこ》」と「どんな矛をも通さない盾《たて》」が同時に存在しえないことからきています。つまり、物事の辻褄が合わない状態です。

したがって、そう簡単には解消できないものが「矛盾」であるはずなのですが、人間は時に自分の考え方や現実の捉え方を「ねじ曲げる」ことによって、矛盾を「なかったこと」にする性質があります。

この性質を心理学者のレオン・フェスティンガーは「認知的不協和」と呼びました。

たとえば、あなたがコロナ禍で新しいライフスタイルに変えようと、地方に移住を決めたとします。そんな矢先、ある調査結果に関するニュースが飛び込んできました。

「リモートワークは生産性が落ちる。都心オフィスの価値があらためて高まっている」

そんなときにあなたはどのように考えるでしょうか？「どうせいい加減な調査なんじゃ

ないか」とか「それは大企業のことであって、自分には関係がない」などとして、調査結果を「なかったこと」にして、自分の選択を正当化するのではないでしょうか。

認知的不協和は、矛盾による不快感から無意識に自分をディフェンスするための逃避的な反射のようなものです。

パラドックス思考は、目の前の矛盾をすぐに排除したくなる気持ちをグッと堪えて、まずは意識的に、矛盾した感情を受け入れようとする態度が重要です。

人間は、自分の中に潜んだ矛盾した感情に薄々気がついていながらも、そこから目をそらして、体《てい》のよい感情だけを「正義」としてしまいがちです。

勇気を持って、最初から「Aしたいけれど、実はBもしたい」という「欲張りな感情」を受け入れてしまうこと。その上で、欲張りを両立する解決策をかしこく考えることが、パラドックス思考の基本姿勢なのです。

人間とは、めんどくさいけれど愛らしい、矛盾に満ちた存在である

現代社会において、意見や考えの矛盾は「悪」とされがちです。政治家や芸能人でも、

Aと言っていた人が、別の場面で真反対のBと言い出した日には、すぐさま論理矛盾を指摘したネットニュースが乱立し、SNSは大炎上します。

言行一致した「裏表のない人間」こそが正しく、信用できる。そのように考えられています。果たしてそれは本当でしょうか？

もちろん、積極的に嘘をついて、裏と表とを巧みに使い分けて人を欺くような悪事を奨励しているわけではありません。

しかし人間とは、悪意がなかったとしてもそもそも不合理で、矛盾に満ちた生き物なのではないでしょうか。実際に「感情パラドックス」は、私たちの生活に無数に存在します。

- 夏に向けてもっと痩せたい。けれど、節制しているうちに、食べたい気持ちが増していく
- あの人ともっと仲良くなりたい。けれど、二人で飲みに行くのはめんどくさい
- 自分の努力や才能を認めてほしい、褒められたい。けれど、あまり目立ちたくない

このような感情の矛盾は、決して悪いことではないと思うのです。そのように考えたほうが、人間の本質を捉えられ、現実的な解決策が考えられるのではないでしょうか。

私たちは、こうした人間の感情のパラドックスを、むしろ人間の「**めんどくさいけれど愛らしい特徴**」**として受容する**ことこそが、問題解決の重要な戦略だと考えているのです。

パラドックス思考は、日々の生活のちょっとした悩みだけでなく、職場や組織、複雑な社会課題を解決する上でも、強力な武器となります。

アメリカの経営学者マリアンヌ・ルイス教授は、現代の組織の課題解決にこそ、パラドックスを受容して活用するマインドセットが必要であることを指摘しています。

一般的に、組織のリーダーが問題解決をするためには「一貫性を持って取り組むこと」が美徳だと考えられがちです。しかし、ルイス教授は、一貫性はむしろ悪癖であり、対立する複数の真実を受け入れながら職務に当たる必要性について述べています。[*4]

パラドックス思考は日々の生活だけでなく、現代の組織における問題を解決し、リーダーシップを発揮するために欠かせない考え方なのです。

次節からは、感情パラドックスに着眼することで見えてくる「パラドックス思考」の全体像を読み解いていきましょう。

＊4　Smith, W. K., Lewis, M. W., & Tushman, M. L. (2016) "Both/And" Leadership. *Harvard Business Review*, 94(5), 62-70

1.3 パラドックス思考の3つのレベル

「感情パラドックス」といかに向き合うか

パラドックス思考は全体で3つのレベルがあります。

パラドックス思考の3つのレベル

レベル❶ 感情パラドックスを受容して、悩みを緩和する
レベル❷ 感情パラドックスを編集して、問題の解決策を見つける
レベル❸ 感情パラドックスを利用して、創造性を最大限に高める

3つのレベルの概要について、「広告代理店の企画職として働いていたある30代前半の女性の事例」を用いて説明します。

パラドックス思考のレベル❶は**「感情パラドックスを受容して、悩みを緩和する」**です。レベル❶では、自分が矛盾した感情を持っていることを受け入れることから始めます。これによって、自分の悩みが明確化され、気持ちを楽にすることができます。

事例の女性は「縛られずに自由に働きたい」と思い、独立をしました。しかし、かえって「やるべき仕事」に追われることになってしまいました。これは「自分にとって最適な働き方を見つける」という「厄介な問題」に対して、1つの感情だけを優先してしまったことが問題でした。

レベル❶では、自分に矛盾した欲求があることを想定し、受け入れます。今回の例でいえば「適度に管理されたい」という感情の存在に気づき、受容するのです。

感情A：縛られずに自由に働きたい
感情B：適度に管理されたい

最初は、矛盾した感情を受け入れるのはなかなか難しいかもしれません。「自由でいたいはずなのに、管理されたいなんて、何て自分はわがままな人間なのだ」とがっかりする

人もいるでしょう。

　しかし、人間は「めんどくさいけれど、愛らしい存在」です。自由でありながらも、管理されたいという欲張りな欲求があることを〝かわいげの証〟として受け入れます。まずそれだけでも、自分の心が少し落ち着くような感覚を得られるのではないでしょうか。

　このように、パラドックス思考のレベル❶は、矛盾した感情に気がつき、受け入れることを通して、悩みを軽減する考え方です。受け入れるだけでは問題解決になっていないと感じる方もいるかもしれませんが、これが問題解決を考える上でも最初の重要なステップになり、レベル❷につながります。

　パラドックス思考のレベル❷は**「感情パラドックスを編集して、問題の解決策を見つける」**です。レベル❷では、受容した感情パラドックスを解きほぐし、「厄介な問題」を解決してしまう方法を導きます。「編集」とは、「感情A」と「感情B」を分析して、それぞれの関係性を別の視点から捉え直すことです。

　具体的には、感情AとBの関係性を「犠牲のストーリー」から「両立のストーリー」に編集できないかを試みます。

犠牲のストーリー：どちらを犠牲にするか？

──「Aを達成するためには、Bを犠牲にするしかない」

両立のストーリー：どうすれば両立できるか？

──「AとBは考え方次第では両立するはずだ」

この女性の例では、犠牲のストーリーとは「自由に働くためには、管理を犠牲にするしかない」「管理されるためには、自由を犠牲にするしかない」と考えることです。しかし、これを両立のストーリーで考えてみると、

「どの程度の自由があれば、自分の欲求が満たされるのだろうか？」

といった新たな問いが生まれます。これによって「自由か、管理か」ではなく、「自由と管理のバランス」が問いの焦点になりました。こうした問いが生まれると、「独立するか、会社に残るか」といった大きな選択肢ではなく、より具体的で、思いも寄らない解決策を考えられます。

たとえば、この女性の場合、会社を辞めなくても、この欲求を満たす解決策を考えることができます。この問いを前提に、自らの仕事を振り返ってみると「自分の提案した案に対するこだわりをろくに聞かれぬまま、マネージャーの判断で棄却されてしまう点」に不合理を感じていたことに気がつくかもしれません。その場合の解決策として「提案の背景

のこだわりを説明させてほしい・聞いてほしい」という行動の選択肢が生まれます。

あるいは、クライアントを選ぶ余地が一切なく、自分の関心や強みがアサインに反映されていない、無視されていると感じる点に不自由を感じているのかもしれません。その場合は、自分の関心を説明しておいたり、「自分に合ったクライアントにアサインしてもらえる余地がないか？」と相談したりすることができます。

これらの解決策が実際にうまくいくかはわかりません。しかし、せめてこれらを確認してから独立してもよいでしょう。さらに、どうせ辞めるつもりなのであれば「上司にフィードバックをしてみる」という大胆な解決策もありえます。このように、独立をしなくてもできる解決策がたくさん思い浮かぶことに気がつくでしょう。

さらにこの女性が「独立」という選択肢を選んだとしても、何でもかんでも自由になりたいわけではないとわかります。そうすると、

●最初から誰かにマネジメントを委託して、仕事を割り振ってもらう
●自分が手を出したくない仕事を専門とする仲間を探して、一緒に独立する

など、AとBを両立する適切な独立の仕方が見えてくるでしょう。

このようにパラドックス思考のレベル❷では、「感情AとB」を犠牲のストーリーから

両立のストーリーに編集します。これによって「感情AとBのどちらを優先するか?」を考えていたときには思いつくことのできなかった解決策を見つけることができるのです。

パラドックス思考のレベル❸**「感情パラドックスを利用して、創造性を最大限に高める」**の段階では、前述のような悩みに「対処」するのではなく、戦略的かつ主体的に感情パラドックスを「利用」することで、思いも寄らない価値を生み出すことを目指します。

レベル❷を実践することで「厄介な問題」が解決された後も、自らの感情パラドックスを積極的に刺激して、思いも寄らない成果を導くのです。

前述の女性の例であれば、独立するにせよ、しないにせよ「企画の仕事をする」ことがキャリア形成の前提になっています。それは、なぜなのでしょうか。

その前提を深掘りしてみると、どうやら背後には「人の役に立つ企画を作りたい」という欲求があったことに気がつきます。これは「キャリアの軸」となる重要な感情です。

パラドックス思考のレベル❸では、これを「感情A」として、そこにあえて疑いをかけてみるのです。そして、感情Aに矛盾する「誰の役にも立たない企画を作りたい」という「感情B」を目標として設定して、キャリアに混ぜ込んでみるのです。

何も現職を辞めなくても、週末の余暇時間に「くだらない企画」を作ってみるとか、自分の趣味の赴くままに「アート作品」を作ってみるとか、形式は何でも構いません。

とにかく「人の役に立つ企画を作りたい」とばかり考えてきた自分に、「誰の役にも立たない企画を作りたい」という対立する目標をあえて付与することで、強制的に「感情パラドックス」を発生させるのです。

これは女性にとって一見すると意味をなさない目標に見えますが、取り組んでみると意外にクリエイターとしての自分の新しい芸風に気づいたり、思わぬスキルが磨かれて、キャリアのポテンシャルが今まで以上に拡張したりするかもしれません。

このように、何もないところに自ら「感情パラドックス」を刺激することで、創造性を最大限に発揮するのが、パラドックス思考のレベル❸の段階です。

他にも「キャリア形成」だけでなく「アイデア発想」や「組織運営」などの場面でも、パラドックス思考のレベル❸は本領を発揮します。詳細は第7章で解説します。

パラドックス思考の3つのレベル

レベル❶　感情パラドックスを受容して、悩みを緩和する
レベル❷　感情パラドックスを編集して、問題の解決策を見つける
レベル❸　感情パラドックスを利用して、創造性を最大限に高める

このように、パラドックス思考では、感情パラドックスを見つけて、受容・編集・利用

することが鍵になります。

しかしながら、私たちはなかなか自分の感情の矛盾に気がつくことができません。実践編（第5章〜）でも詳しく解説しますが、まずは自分の心に潜んでいる感情パラドックスを発見すること自体が、最初の難関です。

感情パラドックスを見つけられるようになるためには、感情パラドックスがどのように生み出されるのか、そのメカニズムについて理解しておくことが有効です。

第2章と第3章では、感情パラドックスを生み出す私たち自身の〝心〟の構造と、私たちが住んでいる〝世界〟の構造について、考察を深めていきます。

それぞれの構造を詳細に読み解くと、感情パラドックスにはさまざまな場面で頻繁に登場する「基本パターン」が存在していることが見えてきます。それらを典型的な5パターンに分類したものを、第4章で解説します。

早く「まとめ」が知りたい人は、第2〜3章の考察をいったん読み飛ばして、先に第4章から目を通し、さっさと実践編（第5〜7章）を読み進めるのもよいでしょう。

ただし、感情パラドックスを見つけ出す眼と、それを手懐ける身体感覚を養うためには、その構造的なメカニズムの理解が不可欠ですから、ぜひどこかのタイミングでこの理論編を深く読み込んで、頭に入れておいてください。

2

第2章

パラドックスを生み出す“心”の構造

2.1 多彩な感情はどのように生まれるか

感情のグラデーションと組み合わせ

第2章からは、本書の主眼である「感情パラドックス」がなぜ発生するのかについて、私たち自身の〝心〟の構造を読み解くことで、その要因に迫っていきます。

感情パラドックスとは、前章で整理した通り、問題の背後に「矛盾する感情Aと感情B」が存在している状態。そしてA or Bのどちらかの感情を優先すると、なぜか納得のいく答えにたどり着けない状態のことを指します。

意識的に「嘘」をついているならまだしも、なぜ人間の心には「真逆」ともいえる矛盾する感情が、同時に発生してしまうのでしょうか。

そもそも「感情」とは何かについて、もう少し掘り下げておきましょう。

神経科学の領域では、「感情」を客観的かつ科学的に評価したものを「情動」と呼び、そのメカニズムが研究されています。[*5] 研究によって定義は異なりますが、一般的には「感情」≒「情動」と捉えておけばよいでしょう。以下では「感情」に統一します。

私たちは日々、何かに喜んだり、怒りをあらわにしたり、悲しみに暮れたり、楽しい時間を過ごしたりします。こうした心の中に浮かんでくる気持ちを「感情」と呼びます。

代表的な4種類の感情を並べて「喜怒哀楽」などと言いますが、実際には感情の種類はさらに細かく分類可能です。アメリカの心理学者ロバート・プルチックは、感情を詳細に分類し、有名な「**感情の輪（Wheel of emotions）**」というモデルに体系化しました。[*6]

プルチックは8つの基本感情として「喜び（joy）、信頼（trust）、恐れ（fear）、驚き（surprise）、悲しみ（sadness）、嫌悪（disgust）、怒り（anger）、期待（anticipation）」を設定しました。

これらの基本感情の強弱によって別の感情に派生することがグラデーションで記述されています。たとえば「恐れ（fear）」は強まると「恐怖（terror）」となり、弱まると「不安（apprehension）」になる、といった具合です。

＊5　櫻井武（2018）『「こころ」はいかにして生まれるのか：最新脳科学で解き明かす「情動」』講談社
＊6　Robert Plutchik, Henry Kellerman (1980) Emotion: Theory, Research, and Experience: Vol. 1 Theories of Emotion. New York: Academic Press

図表7 プルチックの「感情の輪」

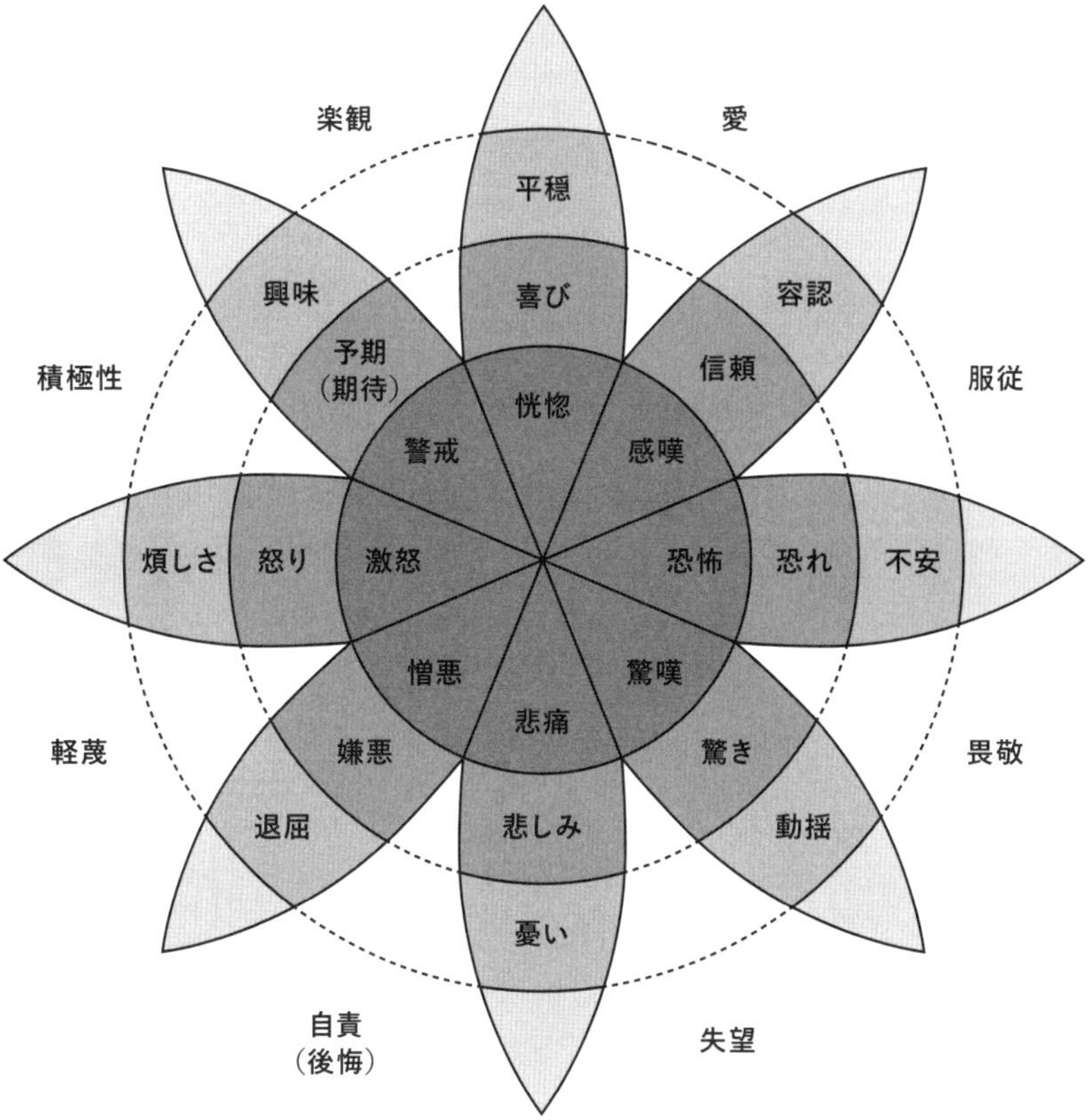

出所：Robert Plutchik, Henry Kellerman (1980) Emotion: Theory, Research, and Experience: Vol.1 Theories of Emotion. New York: Academic Press

また「悲しみ」の対局に「喜び」があるように、「反対」の性質を持った基本感情が対極に配置されている点も特徴的です。

これらの基本感情は強弱によって派生するだけでなく、組み合わせによって24の「応用感情」が想定されています。隣り合った基本感情である「喜び＋信頼」＝「愛」、「喜び＋期待」＝「楽観」などです。

興味深い点は、ほとんど反対に位置している「遠い感情」同士の組み合わせも想定されている点です。「信頼＋悲しみ」＝「感傷」や、「恐れ＋嫌悪」＝「恥」などです。

他にも「喜び＋恐れ」＝「罪悪感」、「怒り＋喜び」＝「誇り」など、一見結びつかなさそうな、少し離れた感情の組み合わせによって、人間の微妙な感覚を言い当てる感情をラベリングしているのです。

私たちは普段の生活で、ここまで細かく感情を区別することはしませんが、感情というものが実に繊細かつ多彩で、ちょっとしたきっかけでうつろいだり、別の感情に昇華したりするものであることがよくわかります。

神経科学から見る感情のメカニズム

こうした「感情」が、人間の身体のいったいどこで発生するのか、そのメカニズムについては古来さまざまな言説がありました。

たとえば、古代エジプトでは、感情は「心臓」にその由来があるとも考えられていました。今でも感情を「心《こころ》」と表現しますが、英語では「心情」も「心臓」も"heart"と表現しますよね。

しかし神経科学領域の研究の発展によって、感情は主に脳の「大脳辺縁系《だいのうへんえんけい》」と呼ばれる部位で生成されることが明らかになっています。

「大脳辺縁系」とは、恐怖や喜びなどの価値判断を下す「扁桃体《へんとうたい》」や、記憶を司る「海《かい》馬《ば》」などの複数の部位で構成され、人間の主要な活動の根幹を支える重要な器官です。

我々は「感覚」を通して、外部の情報に対して「感情」を抱きます。具体的には、視覚、味覚、聴覚、平衡感覚、触覚、痛覚などの「感覚」が情報として脳に入力されると、それが脳の「視床《ししょう》」を経由して「大脳辺縁系」に伝達されます。

この際に大脳辺縁系は感覚情報に対して重みづけを行い、「恐ろしい」「嬉しい」「無関心」などの評価が下され、「感情」として表出するのです。

感情は、大脳辺縁系の海馬が司る「記憶」とも深くリンクしています。たとえば過去に

「恐怖」を感じた経験の記憶から、似た状況に遭遇すると同様に「恐怖」を感じる、といった具合です。このようにして、我々は動物としての生存確率を高めているのです。

感情は、脳の中に閉じた働きではなく、同時に「身体」にも変化を与えます。たとえば強い感情が表出している際には、脳の「自律神経」が活発に働き、いつも以上に心拍数が上がってドキドキしたり、手のひらに汗をかいたりします。いわゆる「興奮」している状態です。

こうした感情によって生まれた身体的な変化は、回り回って脳に影響を与え、感情そのものを変質させます。怒りによって心拍数が上がり、それによってさらに怒りが増幅される、といった具合です。

「悲しいから泣くのか、泣くから悲しいのか」といった因果論争があるように、私たちには感情が身体反応を促進する機能と、身体反応が感情を刺激する機能が両方とも存在します。心拍数が感情に影響するならば、あながち「感情は心臓にある」という説も、間違ってはいないのかもしれません。

これ以上の感情のメカニズムの詳細な解説は数多《あまた》ある入門書や専門書に譲ろうと思いますが、いずれにしても、私たちは外部環境の出来事や対象について、感覚を通して何らかの「評価」をすることで、感情を味わっていることがわかります。

友人からプレゼントをもらったときに、そのプレゼントに対して「美しい」とか「美味しそう」とか「以前から欲しかったものだ」とか「期待ハズレだ」などと、対象について何らかの「評価」がされることで、「感情」は生まれます。

複雑な感情を生み出す〝心〟の構造

感情が対象への「評価」によって生まれるのであれば、〝喜ばしい出来事〟に脳は喜ぶし、〝悲しい出来事〟に脳は悲しむ。そうシンプルに捉えられそうに思えます。

ところが、人間の〝心〟はそう単純ではありません。

●好きだった恋人に突然振られて、悲しくて仕方がないはずなのに、なぜだかまったく涙が出ない

●ずっと応援していたミュージシャンが大ブレイクして、メジャーになっていく様子を、なぜか素直に喜べない

●趣味で続けていた水墨画が評価され、作品が売れるようになったら、だんだん絵を描くことが楽しめなくなってしまった

図表8 パラドックスを生み出す“心”の構造

“心”の構造

精神の構造

動機の構造

以上のように、人間の〝心〟は実に不可解で、放っておいても日常のさまざまな場面で矛盾した感情に遭遇します。

この心の現象について、本章では「精神の構造」と「動機の構造」に分けて解説することにします。

精神の構造とは、自我では意識できない「無意識」によって発生する「コンプレックス」の働きのことです。

動機の構造とは、いわゆるやる気、モチベーションのメカニズムです。内発的動機と外発的動機など、人間が何かを「やりたい」と思う気持ちの複雑さを解説します。

この2つは完全に切り分けられるものではありませんが、それぞれ別の専門領域として研究の蓄積がありますから、それらを参照しながら私たちのパラドキシカルな〝心〟の特徴について掘り下げていきましょう。

2.2

精神の構造

目を背けたくなるコンプレックスの働き

自覚できない「無意識」にしまい込まれた感情

本節では、パラドックスを生み出す〝心〟の要因のうち、直接的な第一の要因である「精神」の構造について詳細に読み解いていきましょう。

私たちは普段、自分の心の状態をよく理解し、コントロールできているように見えて、ふと思ってもいないことを口走ってしまったり、たいしたことのない家族の言動に無性に腹を立てたり、恐ろしい悪夢にうなされたりします。

自覚しているものとはまるで異なる自分の欲求に、自分自身で驚かされることは、誰しも経験したことがあるはずです。

図表9　精神の構造：無意識によって発生するコンプレックスの働き

“心”の構造

精神の構造　　**動機の構造**

心の奥底のメカニズムを解明する「精神分析学」の生みの親であるジークムント・フロイトは、これを「無意識」と名づけました。

自分の「意識」では理解できないような〝もう一人の自分〟が、自分の心の深いところに存在していて、意識に反するような欲求を持っているというのです。

無意識の中には、シャワーを浴びているときに突然降りてくるアイデアの源泉になるものもあれば、当人にとってどうしても認めたくないものや、生きていく上で都合の悪いものも含まれます。

たとえば、幼少期から母親に「誰かの役に立つことをしなさい」と言い聞かされて育った、ある20代後半の男性の例を見てみましょう。

男性は思春期や学生時代のさまざまな経験を通して豊かな人生観を培ってきましたが、母親の教えから「誰かの役に立たない自分には、存在価値がない」という信念を無自覚に形成していました。

男性は社会人になって、ある中小企業の営業課に配属されました。持ち前の柔らかく優しい性格で、職場にもすぐ馴染むことができました。

困っている同僚がいるとすぐに気がついて、自分の仕事は二の次に

して献身的にサポートをしてあげることで、周囲から信頼を集めていきました。やがて後輩ができ、新人のお世話役が板についてきた頃、すっかり職場には欠かせない存在となっていました。

自分自身の営業実績は高くありませんでしたが、そのことに不満を抱いてはいませんでした。むしろ「自分がいなければこの職場は回らない」と使命感を覚え、仕事のモチベーションに溢れていました。

ところが、実際には、男性にとって「他人を助けること」は、それ自体が目的ではなく、自分の存在価値を実感できる唯一の手段だったのです。

言うなれば「自分には存在価値がないかもしれない」「存在価値を認められたい」という感情に基づいて、仲間を助けている。男性はこの事実から、目を背けていました。自分にとって認めがたい、人生の前提を揺るがす都合の悪いものだったからです。

不都合な感情は、深層心理学の言葉を借りれば「抑圧」され、心の奥底にしまい込まれてしまいます。このような**無意識下に抑圧され複雑に絡まった感情**のことを「**コンプレックス**」と呼びます。

誰しも持っているコンプレックスは、時に暴走する

コンプレックスは、フロイトをはじめ、フロイトの弟子アルフレッド・アドラー、心理学者のカール・グスタフ・ユングらによって理論的に発展させられ、今では日常的な用語として普及しています。

コンプレックスは、必ずしも「悪いもの」ではありません。前述した男性の行動も、無意識に抑圧された本心がどうであれ、実際に職場の仲間をサポートして、それが周囲に貢献していたことは事実です。

- 容姿にコンプレックスがあるため、ジムに通って体型を維持している
- 学歴にコンプレックスがあるため、社会人になってから大学院に進学して勉強した
- 幼少期の貧しかった経験がコンプレックスで、思い切って起業して成功した

以上のように、劣等感に基づくコンプレックスが、ポジティブな結果をもたらすことは少なくありません。

しかしコンプレックスの厄介な点は、いつまでも目を背けたままでいると、ふとしたきっかけで他人に実害を与える非合理的な行動に発展したり、自分自身の心を傷つけたり

する点です。

先の男性の例でいえば、彼は必要以上に「困っている人」を探そうとする傾向がありました。自分のサポートがなければこの職場は回らないと思い込み、誰かを助け続けることでしか、自分の自尊心を保つことができないためです。

後輩たちを飲み会に誘っては「何か悩みがあるに違いない」と決めつけ、相手の不幸を詮索するような態度は、後輩にとって「ありがた迷惑だ」と感じられる場面もありました。

男性にとって自分を満たすために重要なことは、誰かを助ける行為そのものではなく、そのことによって得られる「感謝」でした。

よかれと思って「悩み」を見つけ出そうとすればするほど、報酬である「感謝」が得られないどころか、時に歓迎されていないような振る舞いをされることがある。これは男性にとって自分の中心が引き裂かれるような感覚で、ひどく心が傷つけられるものでした。

しかし自我はそれを認めようとしませんから、うまく心の対処ができなくて、飲み会の最中に突如として不機嫌になり、周囲を困らせることもありました。

この男性の、他人の不幸を援助することでしか幸福を維持できない現象は、「**メサイア・コンプレックス**（**救世主コンプレックス**）」と呼ばれるコンプレックスの一種です。

コンプレックスにはこの他にも、親に対するもの、性に関するものなどさまざまなバリエーションが存在します。興味がある読者はぜひ関連書籍を読んでみてください。

心を守ろうとする動きが、矛盾した感情を生み出す

私たちには多かれ少なかれ、このようなコンプレックスが必ずといっていいほど存在します。コンプレックスの多くは、他人に対する劣等感や、自尊心の低さに向き合えないことによって起こります。このコンプレックスこそが、矛盾した感情を次々に生み出す根源といっても過言ではありません。

日本を代表する心理学者の河合隼雄[*7]は、コンプレックスの構造は、ある党派の中の派閥によく似ていると表現しています。ある程度はその党の動きに従いながら、時には党の動きに対抗する者も現れる。全体を維持しようとする動きと、自らを変革しようとする「相反する」動きを持っていると言います。一人の人間の心の中には、矛盾を生み出す因子が入り交じっているのです。

このような分離された感情は、折り合いがつかないまま放置され悪化すると、メンタルヘルスの重大な問題に発展することもあります。

しかし私たちの心には、無意識に抑圧されたコンプレックスの不安から、自我を守る機能も備わっています。これを心理学では「**防衛機制**」と言います。

---

*7　河合隼雄（1971）『コンプレックス』岩波書店

防衛機制とは、無意識下に抑圧された欲求が、まったく別の欲求に置き換わったかのような態度や行動となって意識に現れる反応です。

好意を抱いているはずの相手に、なぜか素直になれず、避けるような態度を取ってしまったり、傷つけるような言動を取ってしまったりする現象がわかりやすいでしょう。

相手を「好きだ」という感情を素直に認められず、自分が傷つくリスクを無意識に避け、真逆の行動を取ってしまう。これは防衛機制の中でも「**反動形成**」と呼ばれる反応です。

これがたとえば「仲良くなりたいけれど、仲良くなりたくない」といった「感情パラドックス」につながります。

このような葛藤から、思春期にうまく恋愛感情に素直になれずに、本当は「恋人が欲しい」という欲求を抑圧させ、部活や勉強に没頭することで自我を守ることもあります。これは「**代償**」と呼ばれる防衛機制です。

繰り返しになりますが、コンプレックスは悪いことではありません。代償によってスポーツで活躍したり、成績を上げてよい大学に進学したりすることは、むしろポジティブな結果といえます。

しかし「恋人が欲しい」という欲求を抑圧しながら部活や勉強に励んでいると、次第に恋愛に興じている同級生に対する「嫌悪感情」が肥大化していくことがあります。時には「遊び人」や「暇人」などと言って揶揄《やゆ》することで、自分が抑圧した欲求を叶えている対

象を「敵」と見なすようになり、その感情を正当化するように「恋人なんて作ってたまるか！」という気持ちにすらなるのです。

これもまた「本当は恋人が欲しいけれど、恋人なんか作ってたまるか！」「本当は自分も遊びたいけれど、努力をしない〝遊び人〟は許せない！」といった「感情パラドックス」につながるのです。

コンプレックスは、変化のエネルギーの源泉にもなる

ここまで、コンプレックスの性質について、概観してきました。人間の心のめんどくさい性質でありながら、もしうまく付き合うことができれば、現状の延長線上から抜け出すような、新たな可能性を開くエネルギーにもなりえるのが、コンプレックスの力です。

ユングは、コンプレックスを「偉大な努力を刺激するもの」であり、そして「新しい仕事を遂行する可能性の糸口」でもあると指摘します。

このような心の強い葛藤が人間の成長の原動力になることは、筆者らが専門とする「学習論」においても指摘されています。

成人教育学の偉人ジャック・メジローは、大人にとってもっとも重要な学習は、自分の

「ものの見方（パースペクティブ）」が変化することであり、そのプロセスを「変容的学習」として次の10段階にまとめました。[*8]

変容的学習のプロセス

1 混乱を引き起こすジレンマ
2 恐れ、怒り、罪悪感や恥辱感の感情を伴う自己吟味
3 想定（パラダイム）の問い直し
4 他者も自分と同様の不満感と変容プロセスを共有していることの認識
5 新しい役割や関係性のための、別の選択肢の探究
6 行動計画の作成
7 自分の計画を実行するための、新しい知識や技能の獲得
8 新しい役割や関係性の暫定的な試行
9 新たな役割や関係性における、能力や自信の構築
10 新たなパースペクティブの、自分の生活への再統合

注目すべきは、大人にとっての成長の起点を「混乱を引き起こすジレンマ」に置いている点です。これは内的な葛藤を指しており、本書でいうところの「感情パラドックス」に

類するものでしょう。

その次のステップに「恐れ、怒り、罪悪感や恥辱感の感情を伴う自己吟味」とあるように、一定の「痛み」を伴いながらも、大人は成長していくのです。

ただし、トラウマのようなコンプレックスに向き合い、解消しようとすることには、精神的なリスクが伴います。コンプレックスの性質によっては、凄まじい喪失感や悲しみに向き合わなければならないこともあります。

しかし本書は、自我の根底にあるコンプレックスそのものを根本的に解消しようと試みる書籍ではありません。コンプレックスを一要因として発露する「感情パラドックス」を、まずはメタ認知して、悩みを緩和すること。あわよくば、思いも寄らないブレイクスルーにつなげてしまおうというのが、本書の提案です。

コンプレックスに基づく神経症の治療には、コーチや心理カウンセラーなど、専門技術を持ったプロフェッショナルの支援が必要になることもある点を、申し添えておきます。

＊8　Jack Mezirow (1978) Education for Perspective Transformation: Women's Re-entry Programs in Community Colleges. Center for Adult Education, Teachers College, Columbia University, New York

精神の構造が生み出す感情パラドックスの例

例「変わりたい」けれど「変わりたくない」

例「褒められたい」けれど「注目されたくない」

例「仲良くなりたい」けれど「仲良くなりたくない」

例「◯◯が欲しい」けれど「◯◯なんか要らない」

2.3

動機の構造

コントロールできない「やる気」の不思議

人間は「不快」を回避し、「快」に接近したがる

本節からは、パラドックスを生み出す〝心〟のもう1つの要因である「動機」の構造について読み解きます。

動機とは、人間の「やる気」、言い換えれば「モチベーション」のことです。

人間の動機のメカニズムは、これまで心理学領域でも長年研究が蓄積されています。

特に、人のやる気を高める「動機づけ」に関する研究は、学校教育や企業マネジメントでも切実な問題であるため、積極的に推進されています。

それでもなかなか「こうすれば、やる気のない子どもが勉強好きになる」といった〝魔

図表10　動機の構造：モチベーションのメカニズム

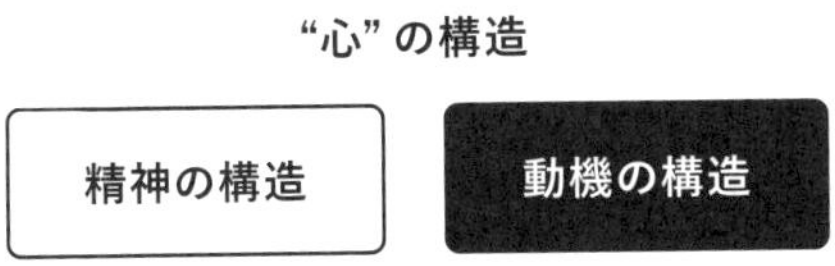

法の杖《つえ》〟が存在しないのは、人間の動機そのものが矛盾に満ちた、複雑なものだからです。

人間の動機をやや乱暴に、シンプルにまとめるならば、人は「不快（負の目標）」を回避し、「快（正の目標）」に接近したがる、と整理することができます。[*9]

「不快（負の目標）」とは、自分にとって望ましくない状態のことです。身体的な痛み、精神的なストレス、金銭的な損失、恥や人間関係の悪化など、さまざまな「負」が含まれます。

「快（正の目標）」とはその逆で、自分にとって望ましい状態のことです。食欲などの基本的欲求から、好奇心が満たされること、報酬や承認が得られることなど、こちらもさまざまです。

動機づけの原理

- 人は「不快（負の目標）」を回避したがる
- 人は「快（正の目標）」に接近したがる

この原理によって、人は「失敗して恥をかきたくないから、練習す

図表11　動機づけの原理：不快から快へ

る（不快を回避する）」「食欲を満たすために、食事を取る（快に接近する）」など、目の前の行動にエネルギーを注ぐことができるのです。

この「不快の回避」と「快の接近」の欲求の辻褄が合っているときは、人間はきわめて合理的に意思決定をすることができます。ところが概して、これらにはズレが生じたり、場合によっては相反することがあります。

たとえば、次のような状況です。

●もう一杯お酒を飲みたい（快の接近）
●けれども、二日酔いにはなりたくない（不快の回避）

この2つの欲求は、時間軸が微妙に違います。前者は「今すぐ」の欲求であるのに対して、後者は「翌日」に向けた欲求です。

＊9　上淵寿、大芦治編著（2019）『新・動機づけ研究の最前線』北大路書房

人は「短期的」な「快」への欲求を優先しがちで、このような場面ではいろいろな言い訳をしながらうっかり「もう一杯」飲んでしまい、翌朝になって後悔するものです。

短期的な「快」への接近を優先すると、長期的な「不快」が回避できなくなってしまう状況は、「やりたい」けれど「後悔したくない」という、まさに感情パラドックスです。

人間は「不快」を回避したがり、「快」に接近したがるというシンプルな特性を持っているがゆえに、この欲求の時間的スパンやタイミングがズレたときに、さまざまなパラドックスを引き起こす原因となるのです。

「やりたい」と「やらねば」は衝突する

人間の動機の基本構造について理解する上で、「内発的動機」と「外発的動機」の特性も無視できません。

内発的動機と外発的動機の定義は、実は研究者によって異なり、諸説あります。

広く普及している考え方としては、内発的動機は自分自身の「興味や面白さ」に駆動されるモチベーションで、外発的動機は他者から与えられる「報酬や賞罰」に影響されるモチベーション、という理解が一般的でしょう。

この整理は間違っていませんが、実はこの2つの境界の区別が難しく、曖昧です。たとえば「お金を稼ぐこと自体が面白い」とか「他人の期待に応えることにやりがいや喜びを感じる」といった事象があるからです。内発的動機と外発的動機の定義は、心理学の専門家のあいだでも齟齬《そご》や混乱が生まれています。

本書では、先行研究[*10]を踏まえて次のように整理しておきます。

内発的動機：その行為そのものに動機がある
外発的動機：その行為とは別に動機がある

内発的動機に基づいている状態とは、食事にしても、遊びにしても、仕事にしても、その行為そのものをやりたくてやっている状態を指します。食べたいから、食べている。遊びたいから、遊んでいる。仕事がしたいから、仕事をしているような状態です。

外発的動機に基づいている状態とは、その行為そのものではなく、何か別のもののためにその行為をしている状態です。残すと怒られるから、食べている。視野を広げるために、遊んでいる。お金のために、仕事をしているような状態です。

＊10　上淵寿、大芦治編著（2019）『新・動機づけ研究の最前線』北大路書房

内発的動機と外発的動機の無視できない関係性として、よく知られている特性に「アンダーマイニング効果」というものがあります。

アンダーマイニング効果

内発的動機に基づく行為に対して、報酬を与え続けて、その後に報酬をなしにすると、報酬を与える前よりもその行為の動機が下がってしまう現象

誰かに褒められたり、お金を稼いだりするためにやっていたわけではない趣味の活動、たとえば「絵を描く」などの活動に対して、だんだんと報酬が与えられるようになってしまうと、内発的動機だったものが、外発的動機にすり替わり、内発的動機が低減してしまう、というわけです。

アンダーマイニング効果については、心理学領域では反証する実験なども存在しており、その普遍性については賛否両論あるようです。

しかし実体験を振り返ってみると、あらゆる場面でアンダーマイニング効果が起きるとは思えないまでも、少なからず「内発的動機」と「外発的動機」の相反関係は、存在するように感じます。

仕事においても、内発的に取り組んだ仕事の内容が評価されると、このような葛藤を体

験します。だんだんと同じ内容の仕事を周囲から期待されるようになってきて、やがて「同様の評価を得ること」が主な目的になってしまい、かつては純粋に楽しめていた仕事が面白くなくなってしまう――といったことは、筆者も経験したことがあります。

心から「やりたい」という気持ちと、周囲から求められる「やらねば」という気持ちは、一定の割合で衝突してしまうのです。

「好きなことで、生きていく」のパラドックス

内発的動機と外発的動機の関係性が感情パラドックスを生み出す事例として、「好きなことで、生きていく」というスローガンを例に考えてみましょう。

オンライン動画共有プラットフォーム「YouTube」に自主制作の動画を投稿することで収益を得る活動家「YouTuber《ユーチューバー》」が、現在では〝人気職業〟の１つになりつつあります。

このムーブメントを後押ししたのは、YouTube自身が２０１４年頃からＣＭ展開していた「好きなことで、生きていく」というスローガンでした。

多くの若者がこのスローガンに啓発され、YouTuberとして生計を立てることを目指し、自身のチャンネルを開設し、自分の好きなテーマの情報を発信したり、好きな活動を紹介

したり、友人との交流の様子を配信したりするなど、積極的に活動するようになりました。実際に生計を立てられるYouTuberはほんの一握りと言われていますが、それでも一部のYouTuberは、今ではテレビタレントに匹敵するほどの知名度や収入を獲得しています。しかし成功したYouTuberほど、口を揃えて「好きなことで、生きていく」ことの過酷さについて強調します。

高い再生回数を獲得し、チャンネルを成長させていくためには、視聴者の属性や閲覧データを分析し、動画に寄せられたコメントを参照しながら、動画の企画や編集方法を絶えず改善し続ける必要があるといいます。

毎日のようにこれを繰り返していくうちに、やがて再生回数の獲得が主目的となり、本当に自分が「好きなこと」を尊重するよりも、視聴者から「求められていること」が重視され、内発的動機（それ自体が好きだからやる）を起点に始めた活動が、外発的動機（視聴者の期待に応えるためにやる）にすり替わってしまうことがあるのだそうです。

もちろん企画の切り口や、動画の制作技術を突き詰めていけば、自分が本当に「好きなこと」を素直に発信することで、視聴者の期待に応えることは不可能ではないはずです。けれども、少なからず「やりたい」と「やらねば」の両立が容易ではないことによって、「好きなこと」を仕事にしようとする過程で、いつしかそれが「好きではなくなってしまう」可能性がある。これが内発的動機と外発的動機の構造がもたらす感情パラドックスの

代表例といえるでしょう。

芸人の「一発屋」はなぜ生まれるのか

外発的動機は、必ずしも悪いものではありません。

高い報酬や賞賛を得るために難易度の高い仕事にチャレンジしたり、モテるために美容に気遣ったり、長生きするためにスポーツを始めたりすることは、むしろ私たちの生活にエネルギーを与えてくれます。

しかし外発的動機について気をつけなければいけない点は、他者から報酬や賞賛を獲得しやすい「得意技」が一度見つかると、それをひたすらに繰り返したいという動機が、やればやるほど増幅的に強化されていく特徴がある点です。

お笑い芸人の世界では、定期的に「一発屋」と呼ばれる芸人が一世を風靡《ふうび》し、世間に飽きられ、テレビから消えていきます。これもまた「得意技」の動機構造で説明が可能です。

それまで売れていなかった芸人でも、何かの拍子に持ちネタでブレイクすると、一躍時の人となり、さまざまな番組に引っ張りだこになりながら、繰り返し〝ブレイクした芸〟

図表12 得意技の強化サイクル

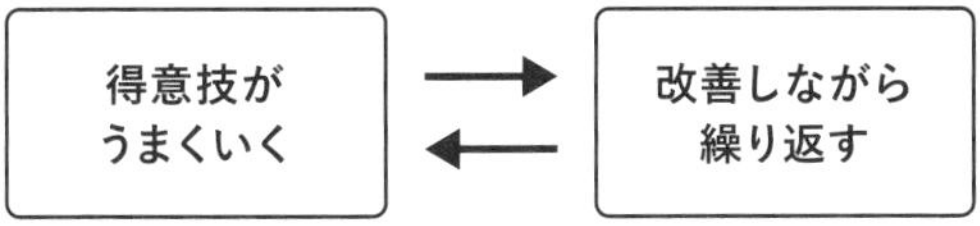

を求められるようになります。

お笑い芸人は一般的に「売れない期間」が長くかつ経済的にシビアだと言われているため、なおさら「オワコン[*11]になりたくない」「元の不人気な状態に戻りたくない」という欲求が働くのでしょう。

しかし実際には、長期間活躍している芸人が「たった1つの芸」しか持っていないということは、ほぼありません。長い芸歴の中で、試行錯誤を繰り返しながら芸のバリエーションを拡大し、変化をし続けた人たちのみが、生き残っているはずです。

そのことを頭では理解し、またこのままいくと「一発屋」として終わりかねないことを予期しながらも、短期的な「オワコンの恐怖」の「不快」が勝り、求められるがままに「得意技」を繰り返し続けてしまうのです。

その間に「新しい芸」を磨く余裕はなく、気づけば「得意技」を繰り返し続けたことによって、世間に飽きられてしまう。これが外発的動機による「得意技の強化サイクル」が生み出す「一発屋」のパラドックスです。

図表13　外発的動機が生み出す「得意技の罠」

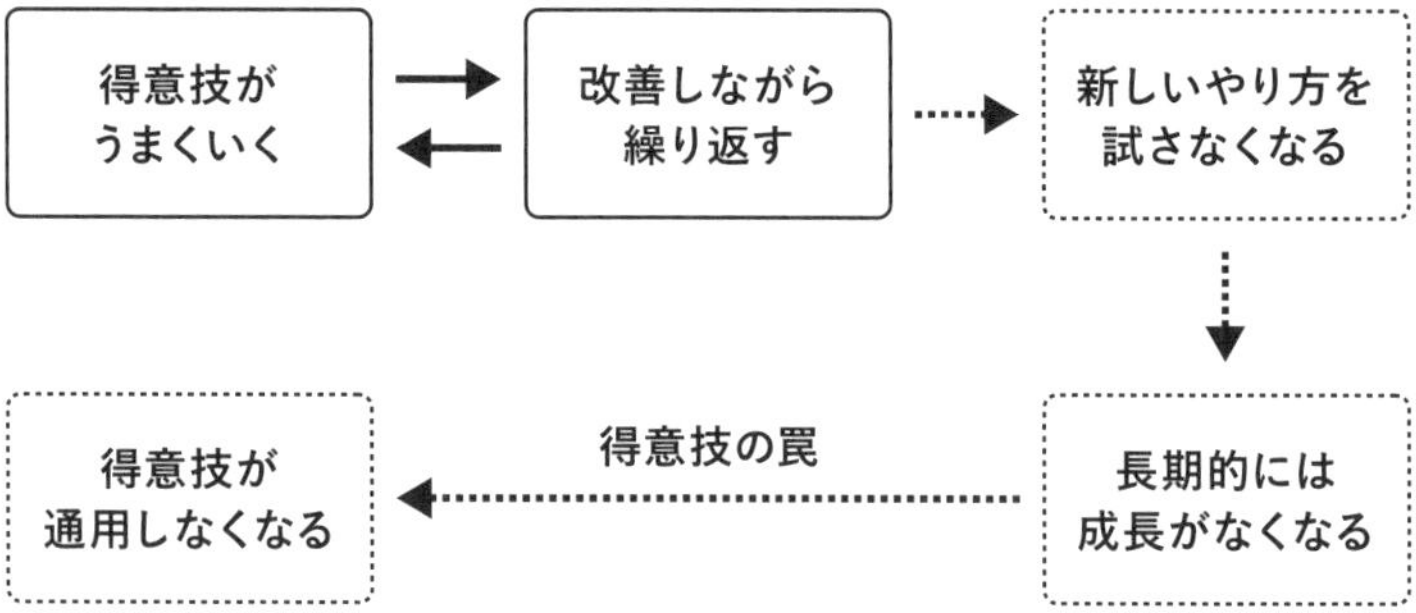

　これは、ビジネスでも似たようなことがあります。
　ある事業がうまくいって一定の顧客と利益を獲得すると、それを「成功体験」として繰り返し改善しながら磨き上げることに取り憑《つ》かれてしまい、うまくいくかわからない「新規事業」にリスクを取って投資するタイミングを逸してしまうのです。すると、チャレンジ精神溢れる競合企業に知らぬ間に追い抜かれてしまう。
　これを経営学では「**コンピテンシー・トラップ**」と言います。コンピテンシーとは、優れた成果につながる行動特性のことです。つまりコンピテンシー・トラップとは、「**得意技の罠**」そのものです。
　経営学を参照するまでもなく、これは人間にとって自然な特性です。ボウリングで2回連続ストライクが出ているときに、3投目であえて重い球に挑戦したり、いつ

＊11　「終わったコンテンツ」の略称。ユーザーや視聴者に飽きられてしまい、流行遅れになってしまったコンテンツを指す俗語

もと違う投げ方を試してみる人はいないはずです。うまくいった前投の感覚を思い出して、なるべく同じように、ミスをしないように投げるはずです。過去にうまくいったやり方を、少しずつ改善しながら繰り返したくなるのは人情なのです。

外発的動機が生み出す「得意技の罠」は、芸人にせよ、経営にせよ、外部環境のゲームのルールが変わり続ける「VUCAの時代」において、領域を問わず常に向き合わなければいけないパラドックスの1つでしょう。

一度うまくいった得意技を磨き続けたい。けれども環境変化に合わせていろいろなやり方を試したい。変化する環境の中で「うまくいく」ことを求められ続けるプレイヤーは、常に「変わりたい」動機と「変わりたくない」動機が、心の中で衝突するのです。

〝飽き〟が生み出す動機のパラドックス

人間が〝得意技〟を繰り返すことができない理由は、世間に飽きられてしまうことや、外部環境の変化への対応が求められることだけではありません。

動機の観点でいえば、何より「自分自身が飽きてしまう」という要因を無視することはできません。人間は、同じことをずっと続けていると、次第に飽きるのです。

〝飽きる〟という感覚は、何度も繰り返す過程で、これから起こる過程を完全に記憶し、予測がつくようになってしまうことで起こります。

ロールプレイングゲームの中には「強くてニューゲーム」というシステムが採用されているものがあります。ゲームを最後までクリアした後に、クリアした時点でのスキルやステータス、装備アイテムなどを引き継いだまま、最初からプレイできるシステムのことです。ラスボスを倒した強さのまま、〝最初の村〟からスタートできるので、圧倒的な強さで〝雑魚《ざこ》敵〟をなぎ倒すことができ、1周目に比べて爽快に2周目を楽しめます。

しかしこの爽快さが続くのは2周目、せいぜい3周目くらいまでで、どんなに面白いゲームであっても、100周繰り返せば自分の強さは上限に達し、シナリオや敵の行動パターンが手に取るようにわかるようになります。半分寝ていてもミスなく攻略できるようになり、気づけば「つまらないゲーム」に変わってしまうのです。

これから何が起こるのだろう？　うまくいくだろうか？　とハラハラする不安も感じなければ、展開への驚きや成功したことへの喜びも感じなくなり、本来は多彩であるはずの「感情」そのものが、鈍化していくのです。

人は安定や平穏を好むくせに、何も感情が発生しない状態が長く続くと「つまらない」「退屈だ」「何か新しい刺激が欲しい」と考えるものです。こうして、論理的や実利的な理由がなくとも「新しいこと」に興味が湧くのです。

これがキャリアを積み上げていく上での面白さでもあり、難しさでもあるところです。誰しもが「過去にやってきたことを、未来に活かしたい」と考えます。高校で熱心に取り組んだ科目を、大学受験に活かしたい。大学で専攻した専門性を、就職後に活かしたい。この部署で身につけたスキルを、次の部署でも活かしたい——。これは効率的に学び、成長していく上で当然の発想です。

偉大な哲学者ジョン・デューイは、人間の「経験の連続性」について考察しました。過去の経験は、現在の経験に道具的に活かされ、現在の経験は未来の経験に活かされる[*12]、と。

しかし同時に、人間の心には「何かをやってみたい！」という本能にも近い「衝動」があることも、デューイは指摘します。内なる「衝動」に素直になることは、過去の古い習慣から逸脱するきっかけになり、新しい習慣を生み出すエネルギーになるというのです。

これによって、私たちは自分のキャリアを考える際に、常に「これまでやってきたことを次に活かしたい」という経験を連続させたい欲求をベースに持ちながら、同時に「たまには全然違うことをやってみたい」「思い切って環境を変えてみたい」「これまでやってきた仕事内容から少し離れてみたい」という経験の連続に揺さぶりを与える衝動が、共存することで頭を悩ませるのです。

動機の構造が生み出す感情パラドックスの例

例「今すぐやりたい」けれど「それによって後悔したくない」

例「自分が好きなことをしたい」けれど「他人から評価されたい」

例「得意技を磨き続けたい」けれど「新しいやり方を試したい」

例「やってきたことを続けたい」けれど「飽きたので違うことに挑戦したい」

＊12　ジョン・デューイ（1938）『経験と教育』市村尚久訳、講談社（邦訳2004）

3

第3章

パラドックスを生み出す“世界”の構造

3.1 この世界は矛盾に満ちている

組織の構造が、矛盾に満ちた要求と関係性を生み出す

第2章では、私たちの心（精神・動機）そのものがいかに〝矛盾発生装置〟であるかを見てきましたが、本章では心の「外側」に目を向けます。

よく「世界は矛盾だらけ」と言いますが、まさに私たちが生きている「世界」そのものの複雑な構造が、感情パラドックスの最大の要因だといえるでしょう。

ビジネスパーソンにとってもっとも身近な「矛盾に満ちた世界」は、言うまでもなく企業という「組織」でしょう。

その規模の大小にかかわらず、組織に属していると、さまざまな複雑な制約に日々悩ま

されているのではないでしょうか。

●やるべきことをミスなく淡々とこなしながら、新しいことも試さなくてはならない
●〝上〟の指示や命令に従いながらも、〝下〟から主体的に提案することも求められる
●同期のメンバーと競い合いながら、会社としては一丸とならなければならない

本章の第2節で詳述する通り、組織の本質とは「境界線」による「階層」、そして「役割」と「権限」の分担です。

これらの要素が組み合わさることで、所属するメンバーにはさまざまな相反する「無茶振り」が飛び交います。

さらには同じ組織内に「仲間である」と同時に「敵でもある」ような関係性のメンバーが増幅し、多くの矛盾を生み出すのです。

社会を統治するシステムもまた、矛盾に満ちている

もっと広く目線を広げれば、私たちが生きている「社会」もまた、制度そのものが矛盾

図表14　パラドックスを生み出す“世界”の構造

“世界”の構造

組織の構造	社会の構造

の発生要因になっていることに気づきます。

第3節で詳述しますが、たとえば私たちが暮らす「資本主義」と「民主主義」という政治経済のシステムは、一見するとバランスが取れているようで、この2つが共存することが、さまざまな矛盾の要因になっていることが見えてきます。

さらには、ただでさえ矛盾に満ちた「資本主義」と「民主主義」のそれぞれが、現代においては崩壊しつつある点も、話をいっそう複雑にします。

また、社会の「統治」のためのさまざまな取り組みや制度も無視できません。たとえば、「監視」によるプライバシーの問題や、「犯罪」などの規範からの逸脱行為は、簡単に「良し悪し」だけでは語れないような、さまざまなパラドックスに影響します。

このように、外側に広がる複雑な世界が私たちを刺激し、矛盾した感情を生み出す。これを「組織の構造」と「社会の構造」に分けて、それぞれ次節から詳述します。

3.2

組織の構造

階層と権限が生み出すさまざまな問題

人は境界線を引くことで「集団」を作りたがる

仕事における課題解決やコミュニケーションの問題は、人が集団を形成した「組織の構造」に起因していることが少なくありません。

組織とは、何らかの目的を達成するために、役割を分担した集団のことを指します。そして集団の本質とは「境界線」です。

巨大な会社組織であろうが、スポーツチームやアイドルグループ、あるいは趣味のサークルであっても、内と外を区別する「境界線」を引き、「私たちは仲間だ」「あの人は仲間じゃない」とハッキリさせることで、集団は成立しています。

図表 15　組織の構造：階層と権限が多くの矛盾を生み出す

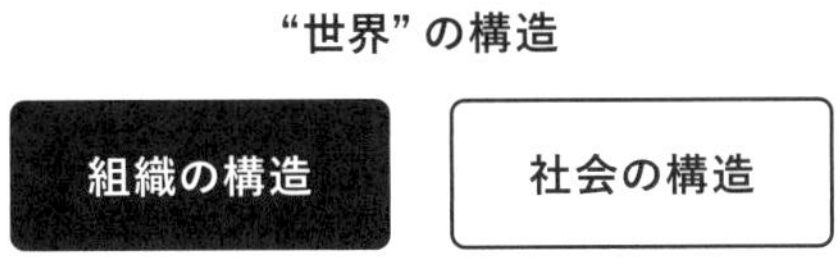

地域のボランティア活動のように、所属意識にばらつきがあることもありますが、中心的な運営メンバーと、参加頻度の低い周辺的なメンバーのあいだにグラデーションがあるだけで、境界線が集団を成り立たせていることには変わりありません。

人類はこれまで、集団で生活することで、外部環境の変化に対応してきました。

特に日本では、稲作が伝来して以来、明確に「村」としてのコミュニティを形成し、境界線を引くことで、結束してきました。境界線の内側に守られた「仲間」という感覚は、損得勘定を超えた、お互いに助け合う協力関係の支えになります。

アメリカの認知心理学者マイケル・トマセロによれば、人がお互いに協力する習性（利他性）は、乳幼児から持っている生まれつきの性質なのだそうです。[*13]

しかし見境なく発揮されていた利他性が、大人になるにつれて次第に「相手を選ぶ」ようになり、「意味のある協力関係」に絞られていくことが指摘されています。

したがって、境界線を引いて集団を形成し、限定的な人の利他性を

仲間内で共有することは、効率的に生きていく上で重要な戦略なのです。

どんなコミュニティも、関係性を維持することはできない

しかし一度「仲間」になった集団は、どんなに信頼関係を深めて結束したとしても、その関係性を同じ状態のまま維持し続けることはできません。

「コミュニティ」を専門とするエティエンヌ・ウェンガーら[*14]は、コミュニティは生命体と同様に誕生から死に至るまでの成長段階があることを指摘し、それを①潜在、②結託、③成熟、④維持・向上、⑤変容の5段階にまとめています。

①**潜在**：初期のメンバーたちが出会い、人間関係を構築し、コミュニティの基盤となる問題意識が醸成される段階

②**結託**：実際にコミュニティを立ち上げ、仲間として活動を開始し、メンバー同士が信頼

*13 マイケル・トマセロ（2013）『ヒトはなぜ協力するのか』橋彌和秀 訳、勁草書房

*14 エティエンヌ・ウェンガー、リチャード・マクダーモット、ウィリアム・M・スナイダー（2002）『コミュニティ・オブ・プラクティス：ナレッジ社会の新たな知識形態の実践』野村恭彦 監修、櫻井祐子 訳、翔泳社

図表16　ウェンガーらの「コミュニティの発展段階」

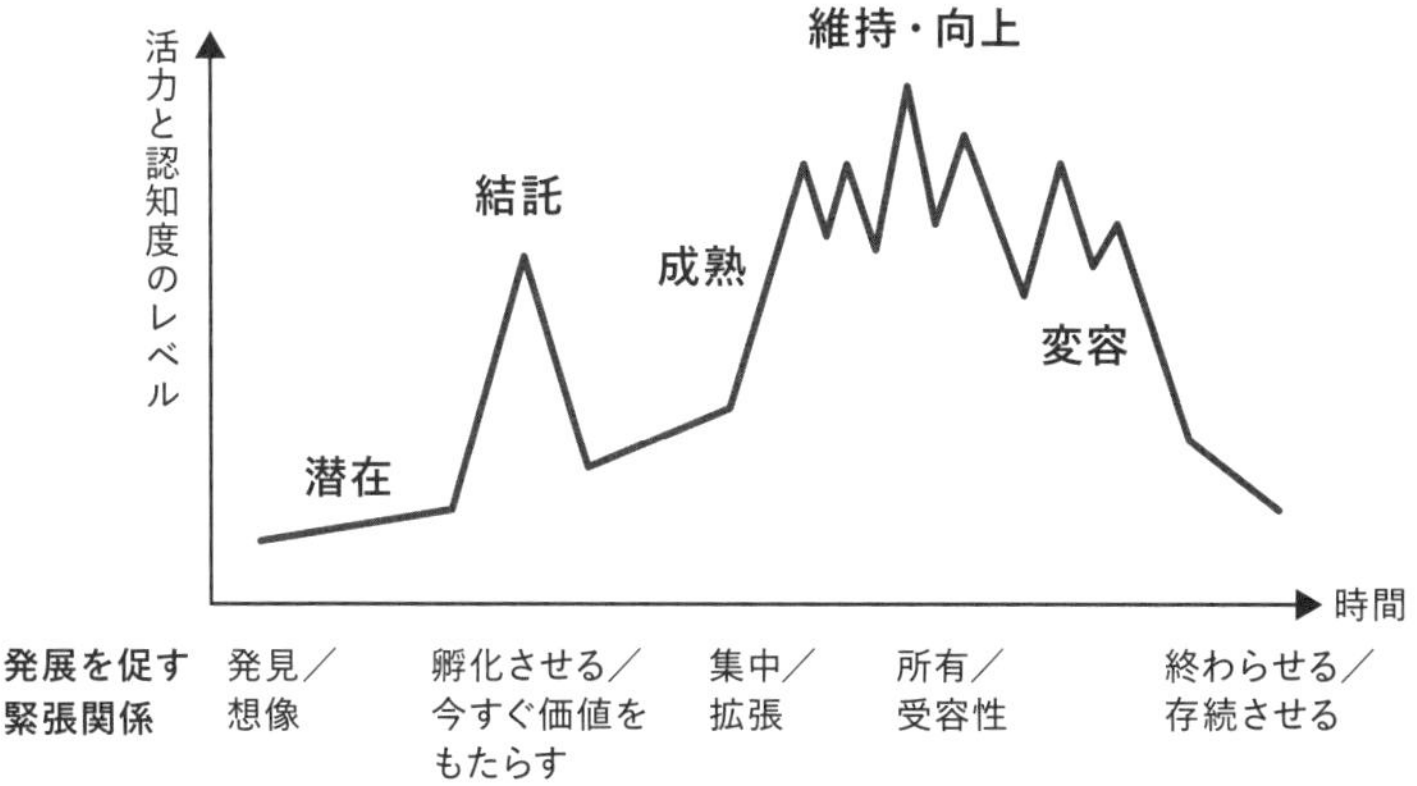

注：折れ線は、コミュニティがその時々に生み出す活力と認知度のレベルを表している

出所：エティエンヌ・ウェンガー、リチャード・マクダーモット、ウィリアム・M・スナイダー（2002）『コミュニティ・オブ・プラクティス：ナレッジ社会の新たな知識形態の実践』野村恭彦 監修、櫻井祐子 訳、翔泳社

関係を深めていく段階

③**成熟**：初期の立ち上げ期の熱量がいったん落ち着き、新しいメンバーを受け入れながら、活動を拡大していく段階

④**維持・向上**：コミュニティが安定し、持続的に活動が展開されるが、活気が失われやすい時期。初期からいる古参メンバーと、新たに加入したメンバーのあいだでズレや温度差が生じてくる

⑤**変容**：コミュニティとしての活動を維持できなくなり、形を変える段階。衰退して解散する、別々のコミュニティに分裂する、他のコミュニティと融合する、制度化して組織化する、などさまざまな変容のパターンがある

以上のウェンガーらの5段階のモデルを

見ても、人間の集団がいかに関係性を維持することが難しいかがよくわかります。

どんなサークルや趣味コミュニティも、自分にとって最高の居場所が見つかると「この関係性が、いつまでも続けばよいのに」と思うものです。しかしそれは人間には老衰が避けられず、永久に生きられないのと同様に、それ自体が不可能な命題なのです。

難しいとわかりながらも、我々は「よい仲間」ができると、その関係性をできるだけ維持しようと努力します。この集団を維持しようとする欲望こそが、人間関係にまつわる「感情パラドックス」を生み出します。

たとえば、立ち上げ期を終え、運営が安定してくると、良くも悪くも熱量が落ち着いていきます。すると、たいてい「マンネリ[*15]」を打破して、かつての熱量を取り戻したい」という感情が生まれますが、そのためにはこれまでのやり方を変えたり、新しいメンバーを迎え入れたりすることで、「変化」を生み出す必要があります。

しかし同時に「これまでのやり方を変えたくない」「メンバーを増やさずに、古参だけで一緒にやっていきたい」という矛盾する欲求も、また芽生えるものです。

人間の精神のコンプレックスと同様に、集団の中にも維持しようとする欲求と、変革しようとする相反する欲求が入り交じります。結果として、集団に所属しているメンバーの

*15　マンネリズムの略称。やり方がルーティン化して、新鮮味がない状態

あいだには矛盾した感情が形成されることになるのです。

集団の階層化によって消失していく〝仲間感覚〟

少人数の親密なコミュニティを維持したくなる葛藤を乗り越えて、集団を拡大し、成長させていく覚悟を決めた先には、「組織」になっていくフェーズが待っています。

そもそも人間が親密な関係性を築ける人数の規模は、それほど大きくありません。集団を成長させるために新たなメンバーを迎え入れ、人数が増えていくと、関係性が希薄になっていき、一定の規模を超えると必ずどこかで「仲間」だと感じられなくなります。

企業のマネジメント論では、緊密な連携を期待しているせいか、1つのチームは5人から7人程度の規模で構成すべきだ、という考えが一般的です。これも諸説ありますが、小隊を10人以上で構成したほうがよい、という積極的な提案はあまり耳にしません（現実にはミドルマネージャーの人員が不足し、仕方なく一人で10人以上のメンバーをマネジメントしているケースも少なくありませんが）。

お互いの目標や能力を十分に理解して、緊密に連携するには、たしかに5人から7人くらいがちょうどよさそうです。

図表17　メンバーが増えると「階層」が生まれる

10人を超える集団

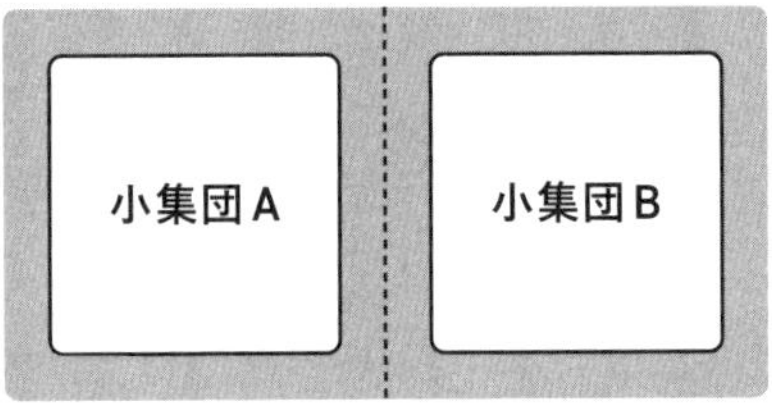

したがって、メンバーの人数が増えて「2桁」を超えると、必然的に集団を小分けにして、集団の中にさらなる「境界線」を引くことになります。すなわち「階層」が生まれます。

階層で集団を小分けにしていけば、関係性を維持しながら全体の人数を拡大していくことができます。

ところが集団の全体人数が「3桁」を超えたあたりで、また次の壁にぶつかります。

イギリスの人類学者であるロビン・ダンバー[*16]は、人間が良好かつ安定的な人間関係を構築できる人数の上限は「150人」程度であると指摘しています。これを「ダンバー数」と言います。

つまり、どんなに組織を小集団に分割しても、150人を超えると他の小集団に所属しているメンバーを「仲間」

＊16　Dunbar, R.I.M. (1992) Neocortex size as a constraint on group size in primates. *Journal of Human Evolution*, 22 (6): 469–493

図表18　階層が複雑になると仲間感覚が消失していく

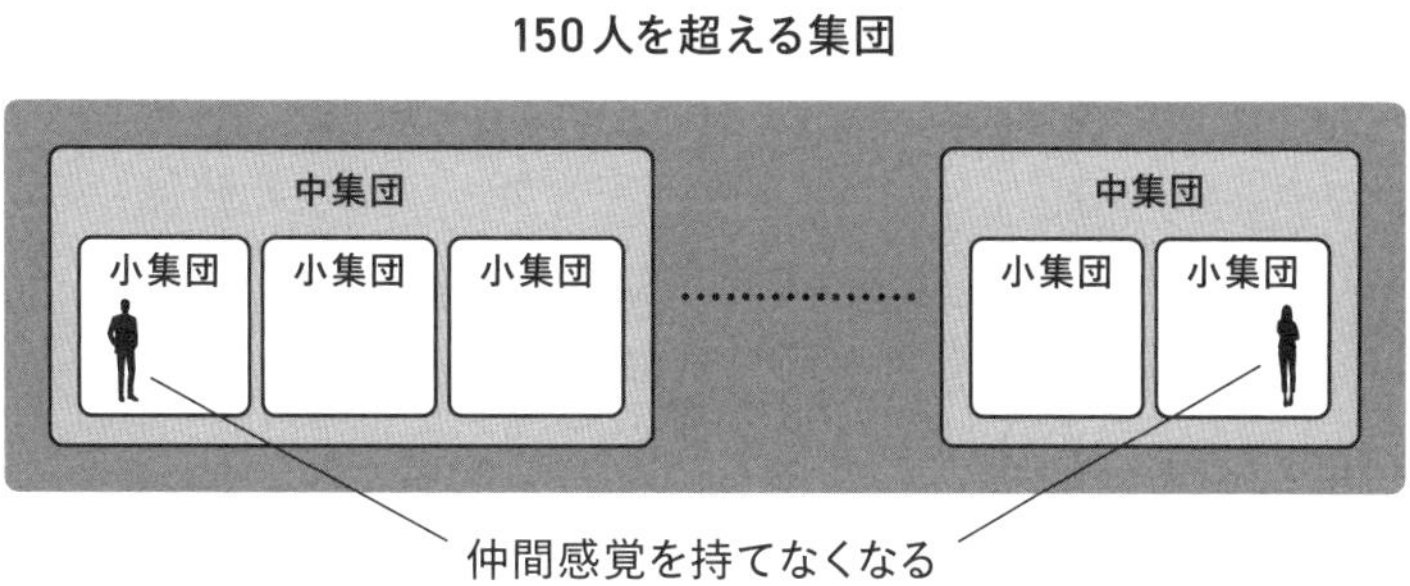

だと思えなくなってくるのです。

ダンバーはこの数値を平均的な人間の脳のキャパシティや、人間以外の霊長類のデータを用いて推定しましたが、実際の感覚値にも遠くないことから、友人関係や人脈拡大の目安や、組織設計の指針としてもよく参照されています。

たしかにＳＮＳやＬＩＮＥなどの友人関係も、１５０人を超えるとすぐに顔や名前を思い出せなくなってきたり、気にかけることができなくなったりして、友好的な関係を維持することは難しくなる気がします。

その上限が本当に「１５０人」かどうかはさておき、私たちがよい関係を築くことができる人数に限界があることは、どうやら間違いなさそうです。

組織がこの規模になる頃には、小集団（チーム）を横並びに分割するだけでなく、業務やコミュニケーションの効率を上げるために縦にも中間的な階層を増やしている頃でしょう。すると、あるタイミングで〝対岸〟にいるＡさんとＢさんは「同じ組織に所属している」感覚よりも「異な

る集団に所属している」感覚のほうが、かえって強まります。

当初は「私たちは仲間だ」とハッキリさせるために「境界線」を引いて集団を形成してきたはずが、組織のサイズが肥大化する過程で、階層が複雑化し、仲間感覚がかえって消失していく。これが組織の構造が生み出すパラドックスの要因の1つです。

組織における「チームの対立」が生み出す〝仲間内の敵〟

仲間感覚が消失したまま、組織が数百人、数千人と拡大していくと、同じ組織のメンバーが「知らない人」であることが、次第に当たり前になってきます。経営者もそれを割り切って、部や課などさらに階層を複雑化して、組織を作り上げていくのです。

かつての地域共同体のつながりが希薄になり、都会のマンションの住人同士が「知らない人」であるのと同様に、同じ組織というハコに所属しているだけで、情緒的なつながりのない、赤の他人であることが当然になっていくのです。

ところが振り返ると、人間の集団の恩恵は、「損得勘定」を超えた「協力関係」であったはずです。そして利他的な協力関係の前提は、〝裏切られない〟という信頼関係です。

信頼できる古参メンバーに経理の仕事を任せるときに、お金を盗まれるとは普通考えません（その油断が、ときたま発生する横領トラブルの要因でもありますが）。

気心の知れた親友に自分の子どもを預けるとき、誘拐される心配はしないはずです。おそらく大丈夫だと信頼できることが、互恵的な人間関係の前提です。

ところが組織のサイズが肥大化し、「私たちは仲間である」という情緒的な関係性が希薄になってくると、人は「損得勘定」をベースに物事を考えるようになります。

仲間だから協力するのではなく、何らかのギブ＆テイクを期待して、ギブをするようになるのです。逆にいえば、テイクが期待できない相手に先んじてギブをすることは「損」になりかねませんから、これまで以上に慎重に協力相手を選ぶようになります。

意思決定に関するケーススタディに「囚人のジレンマ」というたとえ話があります。共犯の容疑で逮捕され、別々に隔離され尋問される囚人AとBに対して、検事が司法取引を持ちかけるのです。

もし二人とも自白すれば、ともに懲役5年であるが、もし二人とも黙秘すれば、証拠不十分として懲役を2年に減刑してやろう。もし片方だけが自白したら、自白した者は情状酌量により無罪放免とするが、自白しなかった者は懲役10年とする、という取引です。

二人が互いに「仲間」として信頼し合っていれば、損得は関係なく「互いに黙秘」を選択するはずです。そしてこれが、実は両者にとってもっともダメージの少ない（二人の懲

役が合計4年で済む）合理的な判断でもあります。

ところが二人が「相手に裏切られる可能性」と「自分にとっての利益」をベースに検討した途端に、相手がどのように決定するにせよ「自白しておくこと」が妥当な選択になってしまうのです。結果として、多くの場合「互いに自白」という不合理な結果に陥ってしまう。これが「囚人のジレンマ」です。

これは極端なケースですが、大きな組織でも似たようなことが起こります。

業績や会計をともにする「同じ会社」であることを考えれば明らかに協力すべきような場面でも、異なるチーム同士が、「隣のチームの困りごとは、うちのチームの管轄ではない」「他のチームに出し抜かれないように、この情報は自チームにとどめておこう」などと、自分たちの利益や都合を優先して、全社最適ではない意思決定を選択してしまうのです。

実際に「チーム」という小集団の括りと認識は、その内部には一体感をもたらすものの、他のチームとの協力関係や情報共有が乏しくなり、チーム間の対立や葛藤につながることが、組織心理学においても指摘されています。[*17]

組織に「境界線」を複雑に張り巡らせた結果、チームAに所属するメンバーと、チームBに所属する別のメンバーは同じ組織の「内側」にいながら、同時にチームの「外側」に

*17 Cuijpers, M., Uitdewilligen, S., Guenter, H. (2016) Effects of dual identification and interteam conflict on multiteam system performance. *Journal of Occupational and Organizational Psychology*, 89(1), 141–171

いることになる。言い換えれば、「仲間」であるが、同時に「敵」でもあるという矛盾した存在を作り出してしまう――。

これが、組織においてさまざまなパラドックスを生み出すシンプルな性質なのです。

集団の役割分担と役割外行動のパラドックス

さらにここに、組織を考える上で重要なキーワードである「役割」や「権限」の視点を加えると、パラドックスが生まれる要因の解像度がさらに高まります。

まずは「役割」が組織にもたらすパラドックスについて考察しておきましょう。

そもそも役割のない人間関係はとても曖昧かつ脆弱で、ちょっとしたきっかけで関係性がコロコロ変わったり、膠着して動けなくなったりします。

たとえば、初々しい、若い学生のカップルなどを思い浮かべても、付き合い始めのうちは毎回のデートの行き先を決めてくれていた彼氏が、ふとした瞬間にそれをやめた際に、彼女の不満につながり、喧嘩別れしてしまった……なんて話をよく耳にします。暗黙の了解のもとで成り立っていた期待値が、互いにズレてしまったのでしょう。

人間関係を安定化させるには、期待値をどこかのタイミングで明確にして、それぞれが

「相手に何を期待するのか」「自分は何に責任を持つのか」をある程度「役割」として定義しておくことです。「トイレの掃除は私、キッチンの掃除はあなた」といった具合に合意しておくから、揉《も》めごとが回避できるのです。

しかし「役割」は便利な反面、担当者の行為をルーティン化させ、自由を制限し、人を思考停止させる副作用もあります。

たとえば「自分はトイレの掃除担当だ」とハッキリすることで、トイレの汚れは自分ごとになりますが、担当外である「キッチン」については良くも悪くも「自分は関係ない」と考えるようになるわけです。

これはこれで、分業体制としては合理的のように思えます。ところが長くこの〝ドライな分業〟を続けていくと、必ず問題が発生します。

同じ家に住んでいれば、どちらの担当か曖昧な「汚れ」が必ず発生しますし、どちらかの担当者が体調を崩して役割を全うできない場面も出てくるでしょう。こんなときにも、頑なに「自分の役割」だけに閉じていようものなら、顰蹙《ひんしゅく》ものです。

実際に組織行動論の研究では、組織が存続して発展していく上で**「役割外行動（Extra-role behavior）」**が不可欠であることが指摘されています。[*18]

---

*18　役割外行動は「職務の範疇外の自発的・革新的な行動をすること」と定義されている。鈴木竜太、服部泰宏（2019）『組織行動：組織の中の人間行動を探る』有斐閣

どんなに役割分担を工夫したとしても、役割と役割のあいだには必ず誰の責任なのかが曖昧な「グレー」な課題や職務が発生します。

与えられた自分の役割の「境界線」を踏み越えて、〝グレーゾーンのボール〟をいかに拾えるかどうかが、組織を強くするのです。

組織には「明確な役割」があるからこそ、集団の関係性が安定する。けれども「役割」にとらわれすぎると、組織は停滞してしまう。このような「役割」1つとっても、組織における感情パラドックスの発生要因となっているのです。

トップダウンとボトムアップの狭間に立たされたミドルの葛藤

組織における意思決定の「権限」の影響もまた、感情パラドックスのメカニズムを読み解く上で無視できません。

組織形態や運営方針によって、権限のあり方はさまざまですが、これまで多くの企業がトップダウン方式の組織形態を採用してきました。

市場が右肩上がりに成長した高度経済成長期においては、とにかく「儲かる市場」を絞

図表19 「ファクトリー型」の組織形態

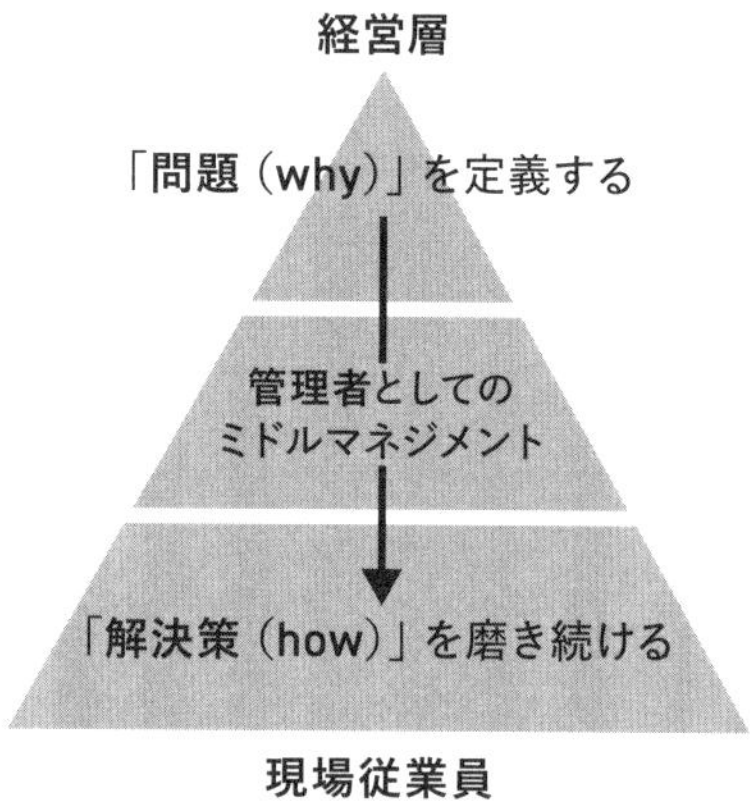

出所：安斎勇樹（2021）『問いかけの作法』ディスカヴァー・トゥエンティワン

り込んだら、一度ヒットした製品を技術改善を繰り返しながら大量生産することが、ビジネスの勝ちパターンでした。

筆者らはこの前時代の組織形態を、設計図に忠実に生産する〝工場〟にたとえて**「ファクトリー型」**と呼んでいます。

ところが「ＶＵＣＡ」と呼ばれる現代では、経営トップが立てた〝設計図〟に現場を従わせるやり方はかえってリスクを高めることになり、多くの企業が**「ワークショップ型」**と呼ばれる半トップダウン、半ボトムアップ方式の組織への転換が求められています。

ワークショップ型組織においては、経営層の役割はより長期的な視座を持って、組織の存在目的を言語化し、それを探究することが求められます。これまでの形式ばか

図表20 「ワークショップ型」の組織形態

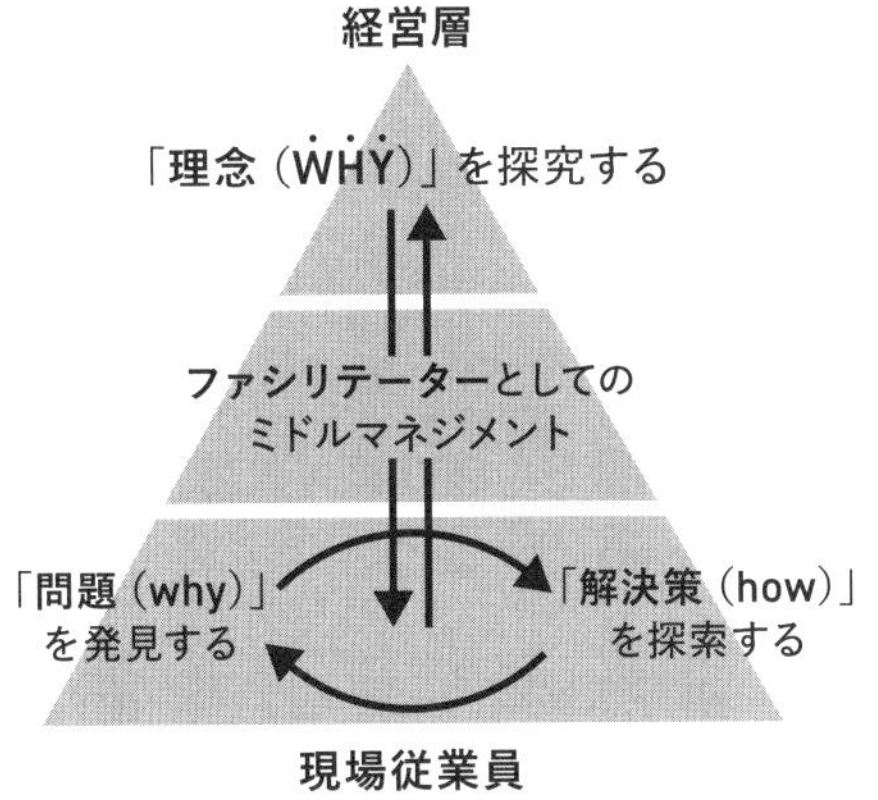

出所：安斎勇樹（2021）『問いかけの作法』ディスカヴァー・トゥエンティワン

りの社是やスローガンを掲げて終わりではなく、自社がこの社会に存在している意味と意義をとことん考え抜き、長期的な戦略を打ち立てて、それを「ビジョン」として現場に語り続けるのです。

現場チームは、経営のビジョンに触発されながら、短期的にすべきことを自分たちで主体的に考えます。

既存事業の改善と発展にはもちろん注力しますが、単に与えられたことを受動的にこなすのではなく、チームで対話をしながら取り組むべき「問題」を自ら発見し、ビジョンを実現し、顧客に価値を創造するために組織と事業を短期的に磨き続けます。時には経営層が思いもよらないような新規事業のアイデアが、現場から飛び出すこともあるでしょう。

ミドルマネージャーは現場チームの活動を一方的に管理するのではなく、心理的安全性を高め、一人ひとりの魅力と才能を引き出しながら、主体的かつ自律的な活動を促進する「ファシリテーション」をすることが求められます。

経営層がすべての権限を握ってコントロールするファクトリー型と違い、ワークショップ型組織は、経営層が中長期的なビジョンに権限を持ち、現場が短期的な事業と組織の磨き込みに権限を持つ。それゆえ「半トップダウン、半ボトムアップ方式」なのです。

ワークショップ型の組織形態は、うまく実現できるととてもパワフルですが、これまで以上に難易度の高いマネジメントやパフォーマンスが求められます。

特に経営と現場のあいだに立たされたミドルマネージャーからすると、上からは長期的なビジョンがトップダウンに語られ、下からは短期的な取り組みがボトムアップに推進され、必ず「板挟み」になってしまいます。

この状況で矛盾のない一貫した振る舞いをし続けるのは、なかなかに困難です。ミドルの役割を全うしようとする優秀で責任感のあるマネージャーほど、さまざまな感情パラドックスに悩まされる構造にあるのです。

抑圧されたリーダーが生み出す、ダブルバインドメッセージ

マネジメントの難易度が高く、悩みが深いのは、当然ながら経営者も同様です。そもそも多くの企業がまだ前時代の「ファクトリー型」の経営スタイルから抜け出し切れない中で、外部環境の要請に合わせて「ワークショップ型」への切り替えが求められるわけです。ところが長年のファクトリー型が染み付いた多くの経営者は、完全トップダウンの経営スタイルをなかなか捨て切れません。本当はもっと長期的な視座を持って、現場の主体性と創造性を発揮させていきたいと頭では考えながらも、ついこれまでのトップダウン経営の癖で、具体的すぎる指示や、細部へのフィードバックで口出ししすぎてしまう。経営者も、そんな葛藤に悩んでいるのです。

このように、組織の上に立つ責任あるリーダーには、葛藤や悩みがつきもので、それはある意味で仕方がないことです。しかし権限を握ったままのリーダーが、過度に葛藤を抱えすぎると、今度は「別の問題」が発生します。

それは何かというと、リーダー自身が自分の葛藤に向き合えず、自分自身の内発的な欲求を押し殺すようになると、自己が満たされなくなり、潜在的な「コンプレックス」が刺激され、歪んだマネジメントメッセージを発するようになるのです。

たとえば、トップダウン方式のマネジメントを手放せないリーダーには、「メサイア・

コンプレックス（救世主コンプレックス）」[*19]を抱える人が少なからずいます。

事業と組織の問題を誰よりも早く発見し、大きな声でそれを指摘し、現場に称賛と感謝をされながらそれを自ら解決する。そのプロセスが、自分のリーダーとしての自尊心を満たす手段となっていた場合、いきなり「ワークショップ型」に切り替えることは、心の奥底で、無意識の抵抗があって当然です。

その葛藤にうっすら気づきながらも、それを抑圧し、みんなにとっての〝よいリーダー〟として振る舞おうとして、表面的に「自分がいなくても現場が回るようにしたい」「積極的に権限移譲をしたい」などと宣言しようものならば、マネジメントには徐々に「歪み」が表出します。

たとえば、表面的に〝権限移譲〟されたかのように見えた業務においても、任せた部下に少しでも不備や不足があろうものならば、〝メサイア（救世主）になりたい〟リーダーはめざとくそれを見つけ出して、「やれやれ、仕方ないな」などと言いながら、嬉々として仕事を巻き取り、これまで通りに鮮やかに解決してみせます。

口では「ほら、あなたに任せるから、やってみなさい」と言いながら、自分がいないと困る場面をけしかけ、すぐに〝救世主〟として再び現れて、自分の存在価値を示す。そう

＊19　誰かの救世主となることでしか、自尊感情を満たすことができない状態のこと

して「自分のおかげでうまくいった」状況を作り出し、部下の自尊心を下げるのと引き換えに、自分の抑圧された自尊心を満たすのです。

繰り返しになりますが、コンプレックスそのものは悪いことではありません。ここで問題となっているのは、リーダー自身が、自分が「現場の救世主」になることが心の拠り所であることに内心で気づきながらも、それに反するマネジメントメッセージを放ってしまっている点です。

その矛盾に気づき、心の葛藤に向き合うことができれば、ワークショップ型組織に適した「自分にしかできないやり方」で、救世主になる手段は他にもあるはずです。それにもかかわらず、「あなたに任せる」けれども「自分なしでうまく解決されては困る」という矛盾したメッセージを放ってしまっていることが、マネジメントを歪ませているのです。

このような、表面的なメッセージに矛盾する隠れたメタ・メッセージを同時に受け取ることを、人類学者のグレゴリー・ベイトソンは「**ダブルバインド**[*20]」と呼びました。

ベイトソンによれば、ダブルバインド状況に置かれ続けた相手は、統合失調症のような症状を示し、精神的なダメージを受けることを指摘しています。

前述のケースは極端な例だとしても、パラドックスに悩まされるリーダーの葛藤によって、部下に対するマネジメントが歪み、部下にとってもパラドックスに満ちた状況が再生産される——。私たちの「精神の構造」と「組織の構造」の合併症による、感情パラドッ

クスの厄介な発生要因だといえるでしょう。

組織の構造によって生み出される感情パラドックスの例

例「関係を維持したい」けれど「集団を活性化したい」

例「組織に利益を生み出したい」けれど「他の部署には負けたくない」

例「長期的なビジョンを実現したい」けれど「現場の目先の課題を解決したい」

例「権限移譲して部下に任せたい」けれど「自分なしでうまくいっては困る」

＊20　グレゴリー・ベイトソン（2000）『精神の生態学』佐藤良明 訳、新思索社

3.3

社会の構造

降りたくても降りられない“無理ゲー社会”

政治と経済のシステムが生み出す、競争と共同のパラドックス

社会の構造は、前節の組織の構造はもちろん、第2章で解説した精神と動機の構造を含め、すべての要素に影響を与えます。

社会の構造とは、政治と経済のシステム、法律、文化的な規範、産業の構造など、さまざまなものを含みます。

筆者らは政治経済や社会学の専門家ではないため、この項目に対する網羅的な議論は目指しません。感情パラドックスの要因と思われるいくつかのトピックを“つまみ食い”する程度にとどめておきます。

図表21　社会の構造：制度そのものが矛盾の発生要因

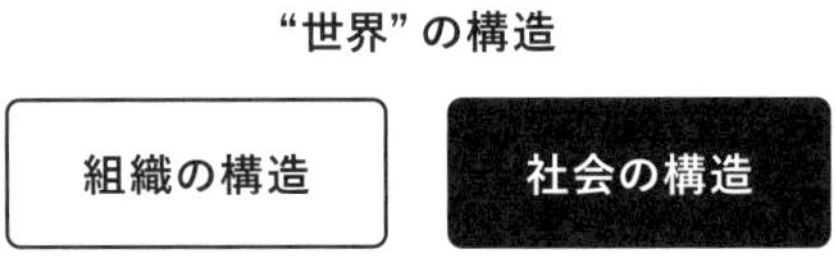

さて、最初に押さえておくべきパラドックスの基本的な要因の1つは、私たちが住んでいる日本が「資本主義」かつ「民主主義」を同時に採用している点です。

資本主義とは、国政が経済を制御するのではなく、個人や企業の自由な経済活動を奨励する経済システムのことです。生産手段を所有する「資本家」が、「労働者」から労働力を買い、付加価値のある商品を生産させることで、利益を得ることができる点が特徴です。

民主主義とは、人民が主権を持ち、自らの手によって行使する政治システムのことです。一人ひとりが平等な権利を持ち、特定の人たちが権力を占有しない自由な仕組みです。

これらはともに「自由」を重んじる社会システムとして、一見すると矛盾しません。互いが健全に機能していれば、バランスの取れた仕組みでもあります。

しかしそれぞれを個別に見ると、これらは「競争」と「共同」という真逆のベクトルの感情を生み出す要因であることが見えてきます。

資本主義は「競争」を煽《あお》り、少数派の勝者に総取りさせる

資本主義は、一言でいえば私たちの「競争」を煽ります。

資本主義社会では、高い付加価値を生み出せる労働者ほど、高い賃金を得られます。

もし現在の賃金に満足できなければ、資格や専門知識を獲得したり、異動や転職で職務経験を蓄積したりすることで、人材としての付加価値を高める努力が動機づけられます。

物事の価値は「希少性」に影響されますから、大多数の人がすでに持っている知識や技術を真似するよりも、他人と差別化し、多くの人ができないスキルを身につけるほうが、勝率を高められます。

多くの人が「70点」しか取れない領域でとことん訓練して「90点」を取れるように努力するか、あるいは多くの人がまだ気づいていない新領域を見つけて新たなポジションを獲得するか。その戦略はさまざまですが、その他大勢の多数派から抜け出す「少数派の勝者」を目指して努力することが、資本主義というゲームで勝ち残る秘訣です。

資本主義社会は、学歴や実績、年収などがゲームのスコアのように常に可視化され、他人に「負けたくない」という感情が煽られます。しかしそれによって個人間の競争が刺激され、国家全体の経済成長へとつながるのです。

また、誰でも少ない資本で事業を立ち上げることができ、労働者ではなく資本家として

生きていく選択肢を取ることもできます。リスクや責任も劇的に高まりますが、独創的な事業アイデアがあれば、誰にでも大きな富を得られる可能性があります。

さらに資本主義の真骨頂は、資本で資本を増やせる利潤追求の仕組みです。一度成功してまとまった資金が得られれば、それをさらに事業拡大のために投資することで、「富める者がますます富む」ことができるのです。

したがって資本主義社会に生きる私たちは、少なからず「他人との競争に勝って、もっとお金を稼ぎたい」「その他大勢に埋もれたくない」という感情を抱くことになります。

民主主義は「共同」を期待し、多数派の合意を尊重する

他方、民主主義は、私たちの「共同」する力に期待しています。

誰か一人が他人と異なる「独創的な意見」を持っていても、民主主義ではあまり意味がありません。資本主義を勝ち抜き、多額の税金を納めるトップ1％の富裕層であっても、選挙における票の価値は、皆平等です。

たとえ経済的に貧しかったとしても、国民の過半数が現状に不満を抱けば、ひっくり返す権利を持っているのが民主主義です。

図表22　“競争”と“共同”のあいだで揺れ動く感情パラドックス

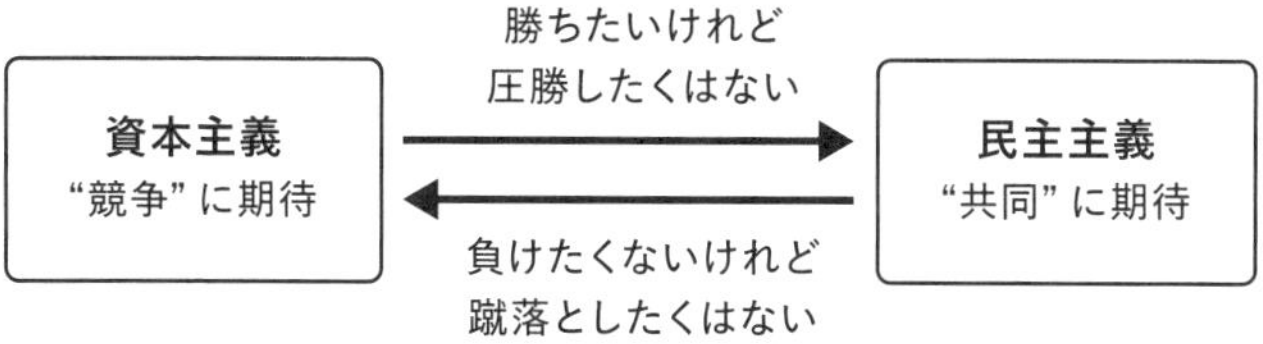

ある種、資本主義の〝勝者〟が得た利益を「分配」することで、差分をならそうとするのが、民主主義の機能です。

これによって「一人勝ち」に対する過度な欲望を抑制し、多様な立場・境遇の人たちが協力しながら国家を作っているのだということを思い出させてくれます。競争に取り残された人たちも含めて包摂し、共同していこうという感覚に期待すること。これが民主主義の考え方なのです。

勝者総取りの資本主義には競争を煽られ、民主主義からは共同を期待される。両者が併存する社会を生きる私たちは、常に「他人に競争で勝ちたい」感情と「他人と共同したい」感情のあいだで、揺れ動いていきます。

この構造は、私たちがさまざまな場面で体感する「勝ちたいけれど、圧勝したくはない」「負けたくないけれど、他人を蹴落としたくはない」といったような感情パラドックスを誘発するのです。

降りたくても降りられない、行きすぎた資本主義

資本主義と民主主義は、それぞれが健全に機能していれば、社会のバランスを保つよいシステムだといえます。ところが、現代はさまざまな場面で、これらに「歪み」が出てきています。

特に資本主義については、多くの専門家たちがその行きすぎた現状について警鐘を鳴らしています。

第一に、資本の自己増殖によって「絶えざる経済成長」を求め続ける資本主義は、地球の資源が限りある以上、長期的には持続的でない点が問題視されています。

先進国の豊かな暮らしは、本質的に途上国の「犠牲」の上に成り立っています。それは単に労働力の搾取の問題だけでなく、自然環境の資源にも及んでおり、経済的な「分配」だけではどうしようもないような、本質的な限界がもう目の前まで迫っています。

哲学者・経済思想家の斎藤幸平氏は著書『人新世の「資本論」』（集英社）において、気候変動の危機が迫る中で、これ以上の経済成長を追い求めるのではなく、資本主義の前提を見直す「脱成長」の考えを提案し、注目を集めています。

しかしこの提案は、コンセプトとしてはインパクトがありますが、今のところあまり現実的な処方箋には至っていません。なぜならば、この考えに共感し、率先して「脱成長」

の旗を掲げようものならば、それは資本主義社会においては〝白旗〟を意味します。途端に競合他社に打ち負かされ、経済成長のゲームに敗北してしまうでしょう。

誰もが「このゲームを続けるのには、無理がある」ことに薄々気づきながらも、自分だけが出し抜かれないために、このゲームから降りられなくなっているのです。

負けたくないが、勝てる気もしない、戦意喪失社会

第二に、取り返しのつかないほどの格差の問題です。

資本主義が健全な競争心を掻《か》き立てるのは、あくまで「頑張れば、自分も勝てるかもしれない」可能性が担保されている範囲においてです。

しかしながら、インターネット技術が発展し、SNS等のプラットフォームが普及した現代においては、資本主義社会はごく一部の強大な企業の独壇場となっており、逆転不可能なほどの不平等の拡大が大きな問題となっています。

トマ・ピケティによる名著『21世紀の資本』[*21]でも指摘されている通り、資本家が得られる「利益率」は社会の「経済成長率」を超えており、上位のごくわずかなトップ層に、世界全体の富がよりいっそう集中していく構造になっているのです。

この競争に取り残された日本においては、バブル経済が崩壊した1990年代以降、世界においても類を見ないほど長期的な経済低迷に陥っています。

この期間は「失われた30年」と表現されている通り、世界経済の中で大きく後れを取り、多少の努力をしても「賃金が上がらない」ことが当たり前になってきています。

さらには現代はSNSの普及によって、これまで見えにくかった「貧富の差」をまざまざと見せつけられる時代です。これによって格差の逆転不可能性の認識が余計に高まり、戦意を喪失しやすい時代になっているのです。これでは資本主義の前提だった「競争」の意味が薄れてしまいます。

社会が資本主義であることには変わりありませんから、これまで通り「負けたくない」のだけれども、まったく勝てる気がしないので「勝負はしたくない」「努力もしたくない」という、何ともワガママに思えるパラドックスが、当たり前になってきているのです。

ベストセラー作家の橘玲氏による『無理ゲー社会』[*22]では、このきらびやかな世界の中で、自力で「社会的・経済的に成功し、評判と性愛を獲得する」ことがいかに困難なゲーム（無理ゲー）であるかが指摘されています。表紙の「才能ある者にとってはユートピア、

＊21　トマ・ピケティ（2014）『21世紀の資本』山形浩生、守岡桜、森本正史 訳、みすず書房
＊22　橘玲（2021）『無理ゲー社会』小学館

それ以外にとってはディストピア」という辛辣なコピーが目をひきます。

他にも、書店のビジネス書コーナーを訪れると「努力すればうまくいく」ことを謳った書籍が影を潜め、「努力しない」ことを肯定する書籍がベストセラーになるなど、世間に共感されるメッセージにも変化が見られます。

最近になって「親ガチャ」「遺伝ガチャ」といった言葉も耳にするようになりました。[*23] 与えられた環境や才能は運次第で、自分の努力ではどうにもならない。そんな現代の戦意喪失感が滲《にじ》み出ている言葉に思えます。

知名度がものを言う社会が〝炎上〟の不安を日常化させる

さらには本書を執筆している2022年現在、スタートアップベンチャーは「冬の時代」と呼ばれ、投資家からの資金調達が困難になっています。一念発起して事業を立ち上げる起業家の減少にも、影響がありそうです。

しかしSNS時代は、ビジネスアイデアがなくとも個人が「知名度」を換金しやすい時代でもあります。もはや残された望みは、SNSで「目立つ」こと。

事業を立ち上げて地道に成長させるのではなく、〝一発逆転〟を目指して自身の

YouTubeチャンネルを立ち上げたり、恋愛リアリティーショーやアマチュア格闘技大会への出演を目指したり、他人を貶《おとし》める過激なゴシップで注目を集めたりなど、リスクを取って「目立つ」ことで、世間の知名度を獲得する戦略が、支持されるようになってきました。

うまくいけばこれらは有効ですが、下手をすると、いわゆる「炎上」によって自分の評判を大きく下げる可能性もあります。「悪名は無名に勝る」とは言いますが、誹謗中傷によって心身に不調をきたし、取り返しがつかなくなるケースもありえます。

このような感覚は、ごく一部の〝有名人〟予備軍だけのものと思いきや、どうやらそうでもないようです。

先日、全国の大学生100名を対象に、「パラドックス思考」を体験してもらうワークショップを実施する機会がありました。日頃感じている感情パラドックスを挙げてもらったところ、一定数の大学生たちが「SNSのフォロワーを増やしたいが、炎上したくない」という感情パラドックスに悩まされていることがわかり、驚かされました。

実際に「炎上」に近い経験や、誹謗中傷を受けたことがあるわけではないにもかかわらず、この社会に蔓延する空気を感じとってか、「もっと注目されたい」けれど「悪目立ちはしたくない」という感情に揺れ動いていることは、現代特有の興味深い現象です。

＊23　カプセル玩具用自販機「ガチャ」にたとえた俗語

ＳＮＳの普及は、過激なヘイトスピーチを蔓延させ、民意を歪ませ、多数派の意見を健全に拾い上げるはずの民主主義を崩壊させている点も指摘され始めています。[*24]

いずれにしても、資本主義と民主主義が健全に機能しているとはいえず、何らかの〝裏技〟で無理ゲーの仕組みをハッキングしなければ、閉塞感を打破できない複雑な状況になっています。

こうした状況が、本来の資本主義と民主主義が生み出す「競争」と「共同」のパラドックスだけではなく、さまざまな感情パラドックスをもたらす要因となっているのです。

社会統治と監視のパラドックス

ここまで社会の「自由」を尊重する、資本主義と民主主義の影響について考察してきました。ここからは少し観点を変えて、社会を制御する側面、すなわち社会の「統治」について考えていきます。

統治とは、法律や行政などによって、社会の治安を維持し、市民が安心して暮らせるように秩序を守るための取り組みのことです。

社会を統治する方法はさまざまありますが、そのうちの１つのキーワードである「監

視」もまた、私たちの感情パラドックスにさまざまな面で影響します。[*25]

監視とは、元々は軍事用語で、敵情を把握するためにあらゆる方法で情報を収集し、相手を「見張る」ことです。物騒に聞こえるかもしれませんが、私たちの生活は監視によって成り立っています。

たとえば警察官のパトロール、あらゆるところに設置された防犯カメラ、地域コミュニティにおける相互監視など。何らかの「人の目」があることによって、さまざまな犯罪や迷惑行為が抑止されています。

自分自身や家族の身の安全、治安の維持を考えると、真面目に暮らしている人ほど「一定の監視は必要だ」と考えるはずです。監視があるから、私たちは安心して快適な生活を送ることができているのです。

しかしそうであっても、街中ではいまだに万引きや強盗、誘拐、ひき逃げ、痴漢などの犯罪被害が、完全にゼロにはなりません。パトロールや防犯カメラにも限界がありますから、監視の目をかいくぐって、悪事を働く人はいるのです。

それでは、監視網をさらに張り巡らせて、死角がないほど監視レベルを強化すれば、さ

＊24　成田悠輔（2022）『22世紀の民主主義：選挙はアルゴリズムになり、政治家はネコになる』SBクリエイティブ

＊25　宮台真司、野田智義（2022）『経営リーダーのための社会システム論：構造的問題と僕らの未来』光文社

らに安心安全な社会を実現することができるのでしょうか？

実は、監視にはデメリットもあります。それはプライバシー侵害の問題です。

たとえば中国は、世界でもトップクラスの監視社会だと言われています。

防犯カメラの設置数は世界1位。カメラの認証技術も発達しており、映り込んだ人物の顔や歩き方などから個人を特定することが可能になっています。

さらに、中国は、社会統治の手段として「信用スコア」が普及している点も特徴的です。

信用スコアとは、個人の社会的地位、学歴、職歴、支払い実績や能力、資産、過去の取引や消費の履歴などから、その人物がどれくらい信用に足るかを可視化したものです。

信用スコアが高ければローンの金利が優遇されたり、賃貸契約の際に敷金が免除されたりしますが、低ければ雨傘の無料レンタルサービスを利用することすらできません。

市民の行動は防犯カメラで逐一監視されています。当然、うっかり赤信号を無視しようものなら、その場で検知され、信用スコアに傷がつきます。社会の統治を最優先した、徹底した管理社会といえます。

信用スコアの導入には賛否がありますが、主な反対意見は「監視されすぎるのは何だか怖い」「気持ちが悪い」といったような、感情的な反発です。

これは何かやましいことがなくても、勝手にスマホを覗き込まれたり、不在時に部屋を物色されたりしたくないのと同様に、人には誰しも他人から干渉・侵害されたくない「自

分だけの領域」が必要で、それがすなわち「プライバシー」というものです。

十分に監視されているほうが安心できるけれど、監視されすぎるのは気持ちが悪く、一定のプライバシーは守っておきたい。ここにも、感情パラドックスの一端が感じられます。

"プライバシー"を巡る、安心と刺激のパラドックス

さらにプライバシーに関わるパラドックスは、もう少しだけ複雑です。

他人にスマホを覗き込まれたら「気持ち悪い」と怒るわりには、スマホの中の個人情報は、管理企業に対して恐ろしいほどに「ダダ漏れ」になっています。

現代のテクノロジー企業が仕掛けるWebサービスやアプリの多くは、ユーザーに個人情報を登録させ、プラットフォーム上の行動データを取得することで利便性を改善させたり、ユーザーの嗜好に合った広告を表示させたりすることで収益化しています。

スマホだけならまだいいかもしれません。現代はIoTやAIの技術を駆使した「スマートホーム」が発展・普及し、家庭のテレビ、エアコン、照明器具などあらゆるデバイスがインターネットに接続され、居住者の行動データを収集し、日々「学習」しています。

私たちがAmazonやInstagramを何気なく見ていると、これから「欲しくなる」であろ

うものがあらかじめリコメンドされるように、スマートホームの技術が進めば、私たちが「寒い」と感じる前にエアコンが作動し、私たちが「観たい」と感じる前にテレビが魅力的な番組を映し出すような、そんな生活が目の前まで迫っているかもしれません。

ハーバード・ビジネス・スクール名誉教授のショシャナ・ズボフ氏は、このような私たちのあらゆる行動が巨大ＩＴ企業に監視され、操られてさえいる状況を「**監視資本主義**」と名づけ、警鐘を鳴らしています。[*26]

そもそも〝プライバシー〟とは、「他人に干渉されない秘密」という意味ですが、この考え方は「自分にしか知らないことがある」「自分のことは、自分が一番よく理解している」という前提の上に成り立っています。

しかし「監視資本主義」社会においては、私たちがYouTubeで何をどれくらい視聴しているかはGoogleの手中にあり、それによって私たちが自分でも気づいていない〝ニーズ〟を叶える商品が、毎日のように広告として表示されます。〝自分すら知らない自分〟のデータが、巨大ＩＴ企業に握られている状況です。

私たちは、あるときは、安心・安全の生活を守るためとはいえ、防犯カメラにすべてを監視されるのは気持ちが悪い、と拒絶します。

しかし他方で、「自分すら知らない自分」を他国の民間企業に積極的にさらけ出し、刺激的で快適な生活を享受しているのです。

人はリスクをできるだけ低減して安心したいと切望する傍らで、時にあっけらかんと大きなリスクを取って、刺激や快楽を求める生き物でもあります。

リスクを低減して安心したいけれど、刺激のためにリスクは厭《いと》わない。そんな人間の矛盾した一面を、このプライバシーの問題からも垣間見ることができるでしょう。

犯罪は社会の統治に不可欠である!?

そもそも、きわめて多様な市民によって構成される社会の「全体」を、おしなべて「統治」しようとする考え自体に、矛盾があるのかもしれません。

実際に、社会全体を規範や制度によってマネジメントしようとすると、必ずその枠から逸脱する「はみ出し者」が現れます。

たとえ前述した「監視」のパラドックスを乗り越えられたとしても、社会全体によくできた監視網を張り巡らせたとしても、必ず法律に違反する「犯罪者」は現れます。

果たして、どうすれば「犯罪者」をゼロにすることができるのか。

＊26　ショシャナ・ズボフ（2021）『監視資本主義：人類の未来を賭けた闘い』野中香方子 訳、東洋経済新報社

そもそも「犯罪者」をゼロにすることは、社会にとって「よいこと」なのだろうか。実はこれらの問いは、社会学においても議論が繰り返されているテーマです。

本書『パラドックス思考』を執筆するにあたって影響を受けた書籍の1つに、社会学者の森下伸也らによる『パラドックスの社会学』[*27]という本があります。

この本では、フランスの社会学者エミール・デュルケームが導き出した「犯罪は社会に不可欠である」という奇妙な結論について、多角的に考察しています。

言うまでもなく、犯罪行為は看過できない、絶対にしてはならない行為です。しかしながら、実際に起きてしまった犯罪には「みせしめ」の効果があり、その他大勢の人々に対する法律違反を抑止する思わぬ効果があります。それゆえに、定期的に犯罪者が処罰されることは、かえって社会の治安を維持する機能があるというのです。

さらには、犯罪者を罰することは、ある種の「公開処刑」のように、良くも悪くも「見せ物」的な機能を持ち、人々にとって「気晴らし」になる側面も指摘されています。

現実から目を背ける「気晴らし」のエネルギー

少し脱線しますが、この「気晴らし」というキーワードは、人間の本質や社会の統治に

ついて考える上で、実はかなり重要です。

元々「気晴らし」とは、17世紀フランスの偉大な哲学者パスカルが、代表作『パンセ』において提唱した概念です。

パスカルといえば、同じく『パンセ』に登場する「人間は考える葦《あし》である」という言葉で有名です。人間はいつか必ず死ぬ運命にある、まるで水辺に弱々しく生えた葦のように「弱い生き物」であるが、そのことについて「考える」ことができる点は偉大である、という意味合いの言葉です。

人間は弱いながらも「死」に向き合える点が偉大であったわけですが、残念ながら必ずしも来たるべき「死」の恐怖を受け入れられず、時に目を背けたくなることがあります。それが人間の「気晴らし」という行為であり、死について「考える」ことからの逃避だとしたのです。

パスカルは「気晴らし」を否定的に論じましたが、現代の〝無理ゲー社会〟を生きる私たちにとって、多少の「気晴らし」は自分自身を癒やすために必要ですし、社会学の議論にはそのような立場もあります。

前述した『パラドックスの社会学』においても、私たちには「一貫した意味のある日常

＊27　森下伸也、君塚大学、宮本孝二（1998）『パワーアップ版　パラドックスの社会学』新曜社

を継続したがる特性」がある一方で、同時に「一貫性のない非日常的な体験に身を投じたくなる特性」があることを指摘しています。

それゆえに、特に必然性がなくても職を変えてみたり、引っ越してみたり、旅に出てみたり、服装を変えてみたり、髪型を変えてみたりする。これらの「気晴らし」が、固定化された日常から身を引き離し、心身のエネルギーを充填してくれるというのです。

日本社会において、パチンコなどのギャンブルや、酒やタバコなどの健康被害のある嗜好品が容認されているのは、大衆にとって気軽な「気晴らし」の手段となるからだともいえるでしょう。

話題を戻すと、定期的に誰かが法を犯して「犯罪者を糾弾する」ことは、法律を守っている人間が自分自身の「しんどい日常」から目を背けて、互いの連帯感を強めて一丸となるための機会としても機能しているというのですから、何ともパラドキシカルです。

既存の枠組みに「革命」を起こす、逸脱行為

以上「犯罪」を例に見てきた通り、何か「規範」を設定して、そこからはみ出すものを「逸脱者」として非難するシステムは、さまざまなパラドックスを生み出します。

最大のパラドックスは、この社会システムを生まれ変わらせるような大きな「変革」は、時に既存の枠組みからの「逸脱」がトリガーとなって生まれているという点です。

よく「イノベーションは〝中心〟ではなく〝周縁〟から生まれる」と言いますが、社会を構成するすべての人が規範を守り、枠をはみ出さなければ、社会にとっての「新しいもの」は生まれなくなり、長期的には衰退してしまいます。

大変興味深いことに、近年の経営学において「**創造的逸脱（Creative deviance）**」という概念が注目されています。

創造的逸脱とは「組織のマネージャーの指示に背いて、正当でない形で新しいアイデアを追求すること」と定義されています。要するに「上司にバレないように、こっそりアイデアを仕込む」ということです。

このようなケースは、発明や研究開発の領域では「闇研究」や「アングラ研究」などと呼ばれ、成功事例を時折耳にします。

たとえば、「高輝度青色発光ダイオード」を発明しノーベル物理学賞を受賞した中村修二氏は、勤務先の上司から「研究を止めるように」と指示されたものの、会議にも電話にも出ずに自身のアイデアに取り組み続けた結果、発明に至ったと言われています。

創造的逸脱の研究はまだ発展途上ですが、規範の〝監視〟をくぐり抜けて秘密裏に進められたプロジェクトが、革新的なイノベーションにつながる可能性を、さまざまな先行研

究が示しています。*28

しかし、かといって、経営者やマネージャーが「創造的逸脱」を意図的にコントロールしようとした途端に、それは公式な「規範」になってしまい、本質的に「逸脱」ではなくなります。

偉い人から「ルールを破って、イノベーションを起こしてもいいよ」と言われると、それはそれで「闇」っぽさがなくなって、魅惑的ではなくなってしまう。ダメだと言われるから、規範を破りたくなる。これもまた、規範と逸脱を取り巻くパラドックスの本質です。

そう考えると〝よい規範（ルール）〟とは、逸脱者をゼロにするものではなく、ある程度の逸脱を抑止して治安を維持しながら、絶妙な塩梅《あんばい》で逸脱を誘惑するようなものなのかもしれません。

「風が吹けば、桶屋が儲かる」かもしれない複雑な因果

本章の最後に、社会の複雑さを読み解くヒントとなる「因果」の複雑さについて紹介します。

「風が吹けば、桶屋が儲かる」ということわざがあります。風が吹くことで、眼病患者が

増え、目の見えない人が増える。目の見えない人が三味線を生業《なりわい》として、三味線の需要が増える。三味線を作るためには猫の皮が必要なので、猫が減り、ネズミが増える。ネズミは桶をかじるから、桶の需要が増え、桶屋が儲かる……というトンデモ展開が由来なのですが、要するに「ある事象が、巡り巡って思いも寄らない結果を導く可能性がある」ことを示したことわざです。

これは極端な例にしても、複雑な社会においては、ある意図を持って行った介入が、巡り巡って、まったく予想もしない結果をもたらすことがよくあります。

前述した森下らの『パラドックスの社会学』では、アメリカの社会学者ロバート・キング・マートンが提唱した「機能[*29]」という考え方を1つの軸にしながら、世の中の「因果の予測できなさ」について、事例を解説しています。

たとえば「自動車を社会に普及させる」というモータリゼーションの功罪について、森下らはこのように考察します。

モータリゼーションの意図は、輸送や移動の高速化・大量化、それがもたらす産業の発展です。それは実際に、自動車が普及したことで、十分に実現できたといえるでしょう。

＊28　高田直樹（2022）「6．逸脱と革新」、組織学会編『組織論レビューⅢ：組織の中の個人と集団』白桃書房
＊29　行為者の主観とは関わりなく、その行為によって生じてくる客観的な結果のこと

これが、モータリゼーションが当初意図していた「機能」です。

しかしその引き換えに、私たちの社会には交通事故や排気ガスによる公害など、大きな犠牲も生まれています。ただし、これらはある程度「予測できた犠牲」でもあります。

それ以上に、モータリゼーションは予想外の影響も生み出しています。一例を挙げるならば、私たちがこれまで以上に効率主義になることで、常に焦っていて万事に余裕がなく、ちょっとした渋滞で殺気立つ〝短気なドライバー〟に変容してしまった点です。

しかし悪いことだけでもありません。モータリゼーションによって、道路や橋の建設、石油関連事業、自動車教習所などの関連産業が活性化し、膨大な労働人口に雇用を生み出しています。

さらには生活者にとって「ドライブ」という手軽なレジャーが生まれたことで、わずらわしい人間関係から解放された、心地よい孤独な時間と空間を堪能させてくれている点は、社会の統治の観点からも「思わぬ恩恵」だといえるでしょう。モータリゼーションには、予測していなかった「機能」が潜在していたのです。

社会はとても複雑で、さまざまな利害関係者がネットワークを形成しています。〝よかれ〟と思った介入が、予想もしない「被害」を生み出すこともあれば、逆に思いも寄らない「恩恵」に結実することもあります。この因果の複雑さもまた、感情パラドックスの一因となっています。

社会の構造によって生み出される感情パラドックスの例

例「競争に負けたくない」けれど「他人を蹴落としたくはない」
例「このゲームから降りたい」けれど「ゲームの敗者になりたくない」
例「リスクを低減して安心したい」けれど「刺激のためにリスクは厭わない」
例「規範を守ってほしい」けれど「規範から逸脱してほしい」

4

第4章

パラドックスの基本パターン

図表23　感情パラドックスの基本パターン

基本パターン	感情A	感情B
素直⇄天邪鬼	本心に基づく 素直な欲求	本心に反する 天邪鬼な欲求
変化⇄安定	現状を変化させたい 欲求	現状を安定させたい 欲求
大局的⇄近視眼的	俯瞰・大局的な 欲求	近視眼的な 欲求
もっと⇄そこそこ	もっとプラスしたい 欲求	そこそこに抑えたい 欲求
自分本位⇄他人本位	自分の視点に基づく 欲求	他人の視点に基づく 欲求

前章までに、「精神の構造」「動機の構造」「組織の構造」「社会の構造」のそれぞれの観点から、感情パラドックスの発生メカニズムを考察してきました。

これらの構造を概観すると、どうやら感情パラドックスにはさまざまな場面で頻出する5つの「基本パターン」が存在することが見えてきます。

もちろんここに当てはまらない例外も多く存在しますが、本章では、汎用的な感情パラドックスを次のパターンに整理し、解説していきます。

感情パラドックスの基本パターン

1　パターン【素直⇄天邪鬼《あまのじゃく》】
2　パターン【変化⇄安定】
3　パターン【大局的⇄近視眼的】
4　パターン【もっと⇄そこそこ】
5　パターン【自分本位⇄他人本位】

4.1 パターン【素直⇅天邪鬼】

こじらせて、素直になれない【素直⇅天邪鬼】パターン

基本パターン【素直⇅天邪鬼】とは、自分の本心に基づく「素直な欲求」と、本心に反する「天邪鬼な欲求」のあいだで感情パラドックスが発生するパターンです。

人は受け入れ難い現実に直面すると、本心とは異なる感情や行動を正当化してしまうことがあります。自分で自分の心を欺《あざむ》くことを「**自己欺瞞**《じこぎまん》」と言いますが、パターン【素直⇅天邪鬼】は、まさに自己欺瞞によって生まれる感情パラドックスだといえるでしょう。

図表24 パターン【素直⇄天邪鬼】

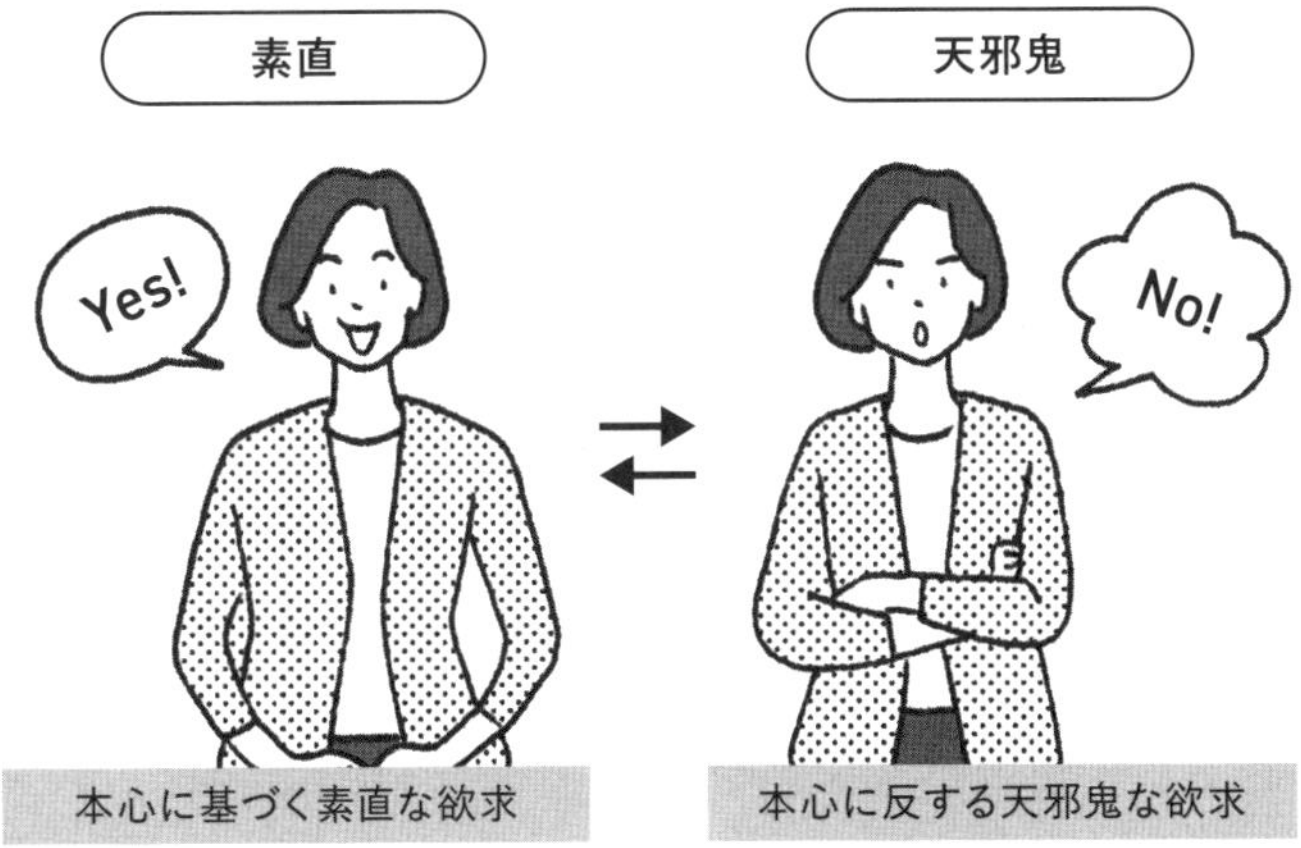

【素直⇅天邪鬼】
——感情A：本心に基づく素直な欲求
——感情B：本心に反する天邪鬼な欲求

パターン【素直⇅天邪鬼】は、基本的には第2章の「精神の構造」で解説した、コンプレックスの不安から自我を守る「反動形成」によって発生します。

好意、憧れ、羨望などポジティブな感情を持っていながら、その感情を表に出したり、実際に行動に移したりする過程で、想いが叶わずに自分が傷つく可能性を恐れて、無意識に本心に反する感情を抱いてしまうのです。

結果として「好きな人からの連絡を無視する」「憧れの先輩を敵視する」「本当はお金持ちになりたいのに、金儲けを嫌悪する」といった、傍から見たら偏屈に見える行動につながるのです。

これらの天邪鬼的な言動は、精神年齢の低い「思春期の若者」特有の特性であって、企業で働くビジネスパーソンにとっては無縁なもののように思えるかもしれません。

しかしそれは逆で、精神的に成熟しているはずの経営者やマネージャーであっても、日々のビジネスの競争、重い責任の中で目に見えない「鎧《よろい》」を身に纏《まと》い、無意識のうちに【素直⇅天邪鬼】の感情パラドックスに影響されています。

たとえば、〝よいリーダー〟を目指して「積極的に現場に仕事を任せたい」「権限を移譲したい」などと口では言うものの、内心では「自分がいなくてもうまくいく」現実は受け入れられないため、無意識に〝無茶な要求〟をしたり、何らかの〝不備〟を見つけるとすぐに仕事を巻き取ったりする。これは第3章で紹介した通り、経営者やマネージャーによくある、コンプレックスに起因する【素直⇅天邪鬼】の感情パラドックスです。

他にも、かつて可愛がっていた「後輩」が急速に成長して、自分以上に活躍している様子を見ると素直に応援できなくなって、厳しく接してしまう、なんてこともよくある話です。年齢に関係なく「嫉妬心」は、【素直⇅天邪鬼】の引き金になるのです。

さらにVUCAと呼ばれる現代は、外部環境の「わからなさ」に向き合うのに精一杯で、自分の内面にある「素直な欲求」になおさら向き合いにくくなっています。

本音では「もっと一生懸命勉強して、自分の専門性を磨いて活躍したい！」と思ってい

たとしても、過酷な資本主義社会の競争の中で「他人に負ける」ことに対する恐れと不安が過剰に増幅し、無意識に「真剣勝負」を避けるようになり、なぜだか心には「頑張ることは、恥ずかしい」という感情が浮かんできたりする。

複雑に階層化された組織に所属し、〝無理ゲー〟な社会を生きていく過程で、そもそも自分が何がしたいのか、何が欲しいのか、内なる〝本心〟の所在が曖昧な中で、私たちは以前にもまして自己欺瞞に陥りやすい状況にあるのです。

【素直⇅天邪鬼】の感情パラドックスの例

例「ああなりたいけれど、ああなりたくはない」

例「もっと仲良くなりたいけれど、これ以上仲良くなりたくない」

例「本当は好意を持っているけれど、憎らしくて拒絶したい」

例「後輩を応援したいけれど、あまり活躍されると妬《ねた》ましい」

例「権限移譲して部下に任せたいけれど、自分なしでうまくいっては困る」

4.2 パターン【変化⇅安定】

変わりたいけれど、変わりたくない【変化⇅安定】パターン

基本パターン【変化⇅安定】とは、「現状を変化させたい欲求」と「現状を安定させたい欲求」のあいだで感情パラドックスが発生するパターンです。

【変化⇅安定】

——感情A：現状を変化させたい欲求
感情B：現状を安定させたい欲求

図表25　パターン【変化⇄安定】

パターン【変化⇅安定】は、前述した【素直⇅天邪鬼】と並んで、さまざまな場面で体験する「変化を求める」か「安定を求める」か、というパラドックスです。いわゆる「変わりたいけれど、変わりたくない」という状況です。

この基本パターンは、精神、動機、組織、社会の構造すべてに関わっている、不可避の感情パラドックスです。

第2章の「精神の構造」で解説した通り、私たちの心のコンプレックスの性質は、本来的に「**自らを変革しようとする動き**」と「**全体を維持しようとする動き**」の相反する働きが共存しています。

さらには「動機の構造」で示した「得意技の罠」が、このパラドックスを加速させます。「得意技の罠」とは、自分の過去の成功体験や専門性に繰り返し頼っているうちに、「大きな変化」が

図表 13（再掲）　**外発的動機が生み出す「得意技の罠」**

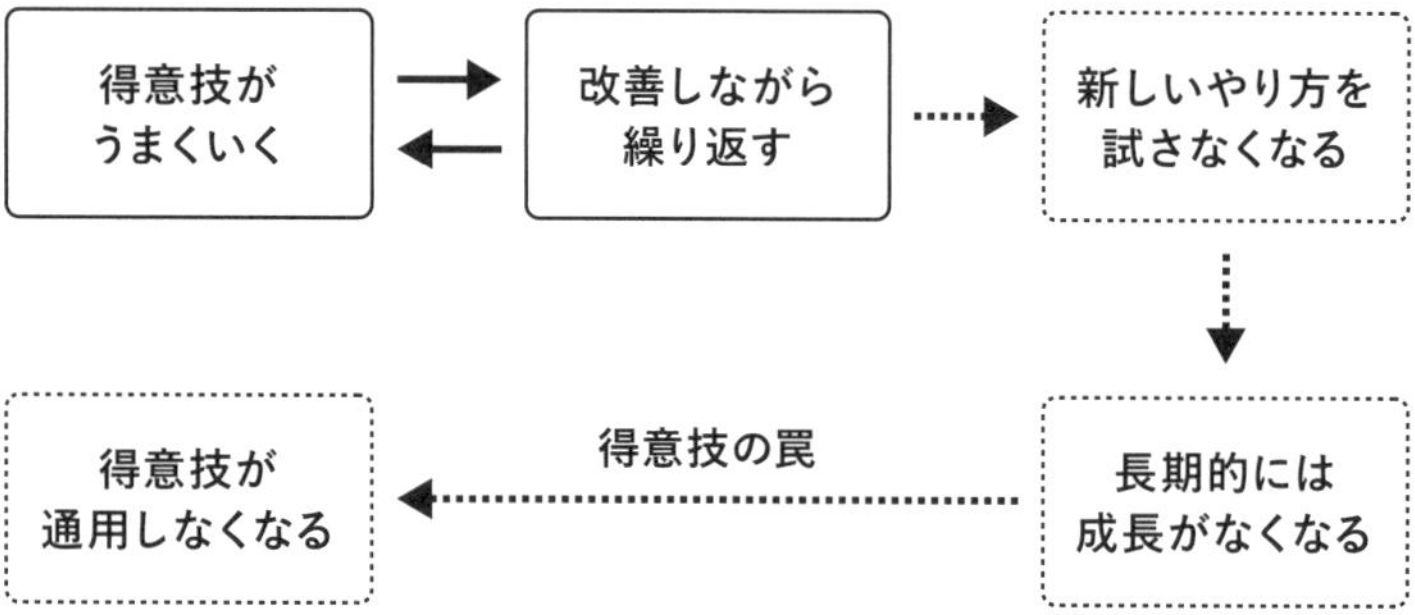
得意技が
うまくいく
改善しながら
繰り返す
新しいやり方を
試さなくなる
長期的には
成長がなくなる
得意技の罠
得意技が
通用しなくなる

できなくなり、長期的には競争に負けてしまう原理です。

不確実性が高まる資本主義の競争社会において、一度獲得した「得意技」は貴重です。安定して「うまくいく」やり方を求め、基本的には「得意技」を繰り返し、再現性を高め、キャリアの安定を図ります。

しかし同じことの繰り返しでは人間はいつか飽きてしまうし、同時に「オワコン化」の始まりでもあります。企業であれば、リスクを厭わないベンチャー企業に追い抜かれてしまいます。〝昔取った杵柄《きねづか》〟にならぬよう、新しいチャレンジをし続けなければ、長期的には生き残れない。

個人のキャリア形成にとっても、事業のマネジメントにおいても、【変化⇄安定】のパラドックスは避けられません。

また「組織の構造」においても、どんな「組織」も特定の関係性を維持し続けることは不可能で、私たちの細

胞と同様に常に「新陳代謝」を繰り返すことで、何とか存続していくことを論じました。最高の組織に出合うと誰もが「ずっとこの状態を維持したい」と考えますが、組織は「変わる」ことでしか維持することができません。これもまた【変化↑↓安定】のパラドックスです。

さらには「社会の構造」において論じた「規範」の機能も、無視できません。法律や文化などの「規範」は、私たちの社会の治安を維持し、現状を安定させる機能を持っています。しかし同時に、長期的な発展のためには規範をはみ出す「逸脱者」が必要です。「安定を守る」はずの規範が、実は逸脱による「変化」の原動力になっている逆説的な側面について指摘しました。

規範で統治される社会において、組織を形成しながら働く私たちにとって、この【変化↑↓安定】のパラドックスは、発生しないほうがおかしいくらい不可避の感情パラドックスなのです。

また、前節に挙げた「仲良くなりたいけれど、仲良くなりたくない」という感情パラドックスの例は、コンプレックスによる【素直↑↓天邪鬼】によって引き起こされている場合もありますが、この【変化↑↓安定】のパラドックスに由来しているケースもあるでしょ

う。

たとえば、長く付き合った恋人と別れたばかりで「新しい出会いを開拓したい」気持ちがありながらも、この独り身の生活も案外気楽で「めんどくさいから、このままでいいや」という気持ちもある。そんな状況はこの【変化↑↓安定】の表れといえるでしょう。

"しがらみ"から解放された「自由」は、長くは続かない

本書でもたびたび登場した「自由」というキーワードも、実は【変化↑↓安定】のパラドックスに大きく関わっています。

【変化↑↓安定】のパラドックスの本質は、「現在の枠組み」から外部に脱出しようとするエネルギーと、「現在の枠組み」の内部でそれを維持しようとするエネルギーの衝突です。

私たちが今「足場」にしている現在の枠組み（法律、会社のルール、職場の人間関係、家族など）は、私たちにとって多少なりとも「しがらみ」としてストレスを与えます。

これらはすべて、私たちの「現状を安定させたい欲求」のみを充足させ、反対に「現状を変化させたい欲求」を抑圧するからです。

私たちの本能には、少なからず「しがらみから解放されたい」という欲求が埋め込まれ

図表26　【変化⇄安定】はエネルギーの衝突をもたらす

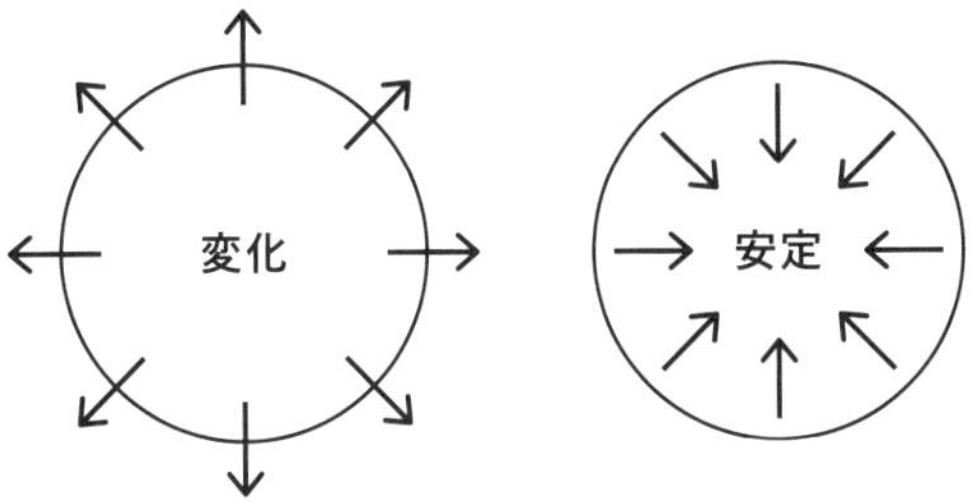

ています。

たとえば、地域のつながりが強く狭い「田舎」でずっと暮らしていると、どこを歩いていても顔見知りだらけで安心できる半面、変わらない人間関係と日常に「閉塞感」を感じることがあります。

するとたいてい、自分の「自由」な意思で好きなことをしたいと考えて、思い切って地元を飛び出して、しがらみのない場所で生きていく道を選ぶ。これが「自己実現」の本質であり、私たちが「自由」という言葉に想起する感覚です。

ところが私たちは「自由」を謳歌し続けていると、身を預けられる「共同体」が欠落してきて、人とのつながりが恋しくなることもあります。しがらみがまったくないと、人間は寂しくなるのです。

私たちが「ハレ（非日常）」と「ケ（日常）」の両方を大切にしているのも、同様の理由です。凝り固まった平穏なルーティンを繰り返すだけでは、私たちは生きていけません。たまには日常のしがらみから解放されて、〝暗黙の前提〟を揺

さぶり、本当の「私」を見つめ直す時間を取らなければ、活力を失ってしまうのです。かといって、毎日が「ハレ（非日常）」の繰り返しでも、それはそれで自分を見失ってしまいます。

私たちをたびたび悩ませる「自由でありたいけれど、制約（しがらみ）も欲しい」という感情パラドックスは、まさに【変化⇅安定】のパターンの派生形だといえるでしょう。

【変化⇅安定】の感情パラドックスの例

例「変わりたいけれど、変わりたくない」
例「リスクを取って刺激を得たいけれど、リスクを回避して安心したい」
例「新しいことを試したいけれど、得意なことを継続したい」
例「新たな人間関係を開拓したいが、億劫なのでこのままでいい」
例「自由でありたいけれど、制約（しがらみ）も欲しい」

4.3 パターン【大局的⇅近視眼的】

木と森は、同時に見られない【大局的⇅近視眼的】パターン

基本パターン【大局的⇅近視眼的】とは、「俯瞰・大局的な欲求」と「近視眼的な欲求」のあいだで感情パラドックスが発生するパターンです。

大局とは、元々は囲碁の用語で、個別の細かい局面ではなく「盤面全体」を見渡した戦局を指す言葉です。由来通り、物事の全体を俯瞰《ふかん》して、部分ではなく全体を見通す視座を持つことを指しています。

近視眼的とはその逆で、全体ではなく部分に目を向けて、細部を見つめる視座を指して

図表27　パターン【大局的⇄近視眼的】

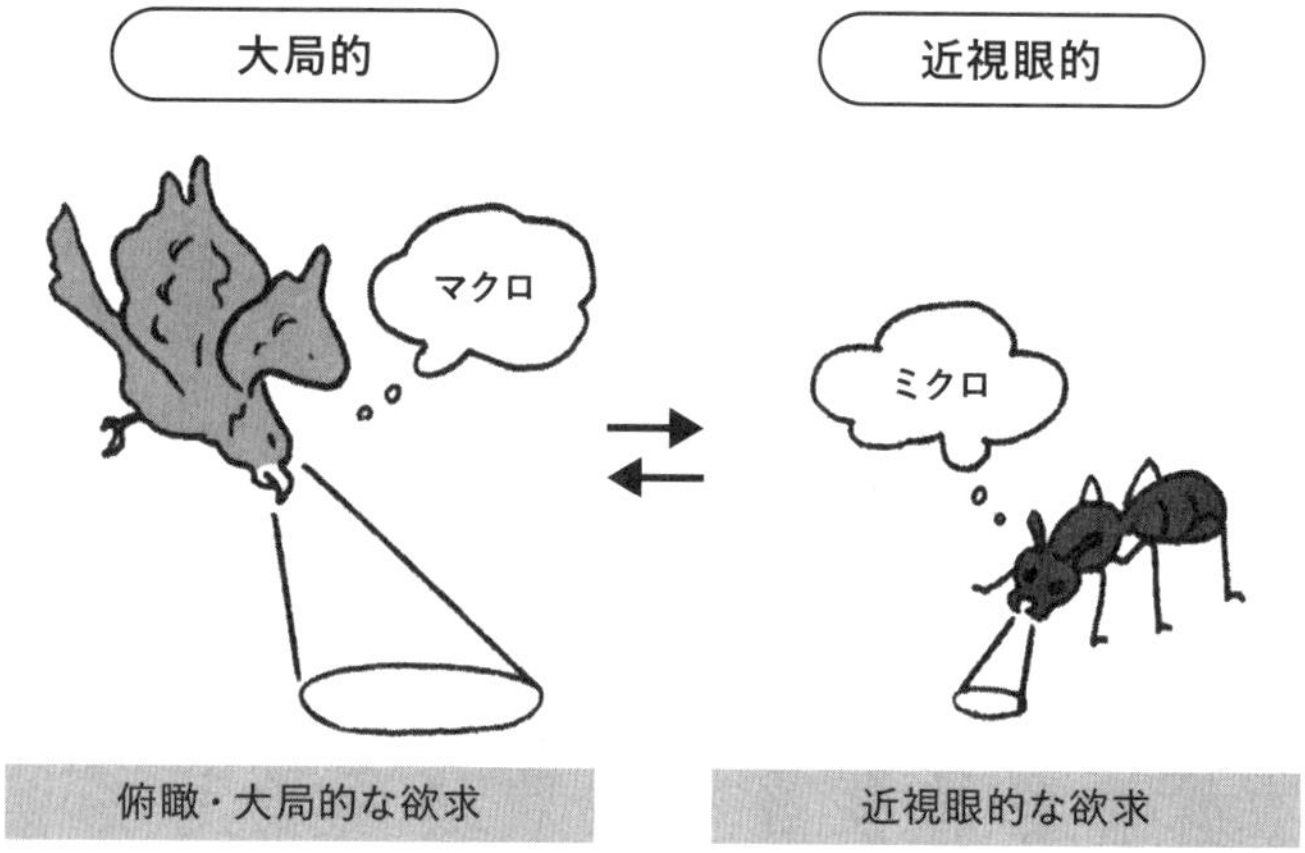

います。

【大局的⇅近視眼的】

——感情A：俯瞰・大局的な欲求

——感情B：近視眼的な欲求

よく大局的な視点を空を羽ばたく「鳥の目」とたとえ、近視眼的な視点を地面を這う「虫の目」とたとえることがあります。他にも、よく「木を見て森を見ず」と言いますが、近視眼的な視点で1本1本の「木」の細部を凝視してしまうと、大局的な視点で「森」全体を俯瞰することができない、という戒《いまし》めで使われます。私たちは「鳥の目」と「虫の目」を併用することはできず、「木」と「森」を同時に見ることはできないのです。

パターン【大局的⇅近視眼的】に直接的に影響

する要因は、第2章で示した「動機の構造」です。

人間の動機（モチベーション）のシンプルな原理は「不快（負の目標）を回避」して、「快（正の目標）に接近」することであると述べました。

この「不快の回避」と「快の接近」を捉えるための「視点」がズレたときに、この【大局的⇅近視眼的】のパラドックスは発生します。


よくある「視点のズレ」は、「**長期と短期**」のズレです。すなわち、長期的な「快／不快」と、短期的な「快／不快」が一致せず、妥当なアクションが1つに定まらないケースです。たとえば「飲みすぎて後悔したくないけれど、もっとお酒を飲みたい」という事例がこれにあたります。

「大局的⇅近視眼的」という対比と、「長期的⇅短期的」という対比は、厳密には異なる意味に感じられるかもしれません。たしかに厳密には前者は物事を捉えるレンズの焦点距離の違いで、後者は時間的なスケールの違いですが、これらは相互に関連しています。物事の行く末を長期的に捉えるには大局的な視座が必要ですし、近視眼的な視座では短期的な思考に陥ることが多いためです。欲求に対する「長期と短期」の感覚がズレると、【大局的⇅近視眼的】のパラドックスの要因となるのです。

もう1つは「**全体と部分**」のズレです。「総論と各論」と言ってもよいかもしれません。何か問題を解決する際に、部分的な処方箋は、時として〝全体最適〟のソリューションにはなりません。そしてこれは「長期と短期」のズレとセットで起こりがちです。

たとえば、ひどい「腰痛」で悩まされているときに、とりあえず「痛み止め」を飲めば、短期的な「不快」は取り除くことができます。しかし概して「痛み止め」は胃の粘膜の保護機能を低下させ、胃にダメージを与えることがあります。すると、内臓を支えている体幹の筋肉に負担を与え、徐々に血流が滞り、結果として長期的に「腰痛」が悪化する。

このように短期的かつ局所的な「不快の回避」が、かえって全体に長期的な「不快」をもたらすことは、組織や社会の課題解決場面においてもよくあります。

たとえば、目先のマーケティング効果を狙って過度な「値下げ」をすると、短期的にマーケティング部門の成績は向上するけれど、長期的に会社全体の収益は下がってしまうかもしれません。

第3章の「社会の構造」で示した「因果」のパラドックスの通り、社会は〝人体〟同様とても複雑ですから、短期的かつ部分的には「よかれ」と思った介入が、思いも寄らないプロセスを経て長期的かつ全体的にネガティブな影響を及ぼす、ということがあるのです。

神は細部に宿る!? 〝森を見て木を見ず〟に注意

一般的に、近視眼的な視点よりも、大局的な視点のほうが望ましいとされがちです。「木を見て森を見ず」ということわざの通り、前述の例も、短絡的に目先の「快/不快」で物事を判断するのを我慢して、きちんと大局観を持って意思決定することができれば、パラドックスに陥らずに万事解決できるような気もします。

ところが厄介なのは、必ずしも常に物事を俯瞰して「森」を見ていればよいとは限らない点です。

たとえば企業においても、マネージャーが大局的な「鳥の目」しか持っていないと、現場ではマネジメントエラーが多発します。

組織や事業全体が長期的なビジョンに向かって〝よい感じ〟に進んでいると思って油断していると、実はごく一部のメンバーには「隠れた不満」が溜まっていて、それに気がつかぬまま放置してしまい、忘れた頃に噴出してチームに亀裂を生んでしまうこともあります。

些細なトラブルだと思っていた「たった一人の顧客のクレーム」を軽視していたら、それが後に大きな問題に発展して、事業基盤を揺るがすこともありえます。

よく〝神は細部に宿る〟と言いますが、事業をマネジメントするにせよ、組織をマネジ

メントするにせよ、物事をミクロに捉える「虫の目」の視点でこだわりを持たないと、よい仕事はできません。

「鳥の目」で「森」の全体像を捉えながらも、同時に「虫の目」を忘れずに「木」の葉っぱ1枚1枚にも目を配らなければならない。

「木」と「森」をいかにして同時に見るか？　これが基本パターン【大局的⇅近視眼的】の感情パラドックスの本質なのです。

【大局的⇅近視眼的】の感情パラドックスの例

例　「短期的にはこうしたいけれど、長期的にはこうしたい」

例　「部分的にはこうしたいけれど、全体的にはこうしたい」

例　「部署としてはこうしたいけれど、会社としてはこうしたい」

例　「チーム全体を尊重したいけれど、少数派の個人も尊重したい」

4.4 パターン【もっと⇅そこそこ】

過ぎたるは、及ばざるがごとし【もっと⇅そこそこ】パターン

基本パターン【もっと⇅そこそこ】とは、何かを「もっとプラスしたい欲求」と「そこそこに抑えたい欲求」のあいだで感情パラドックスが発生するパターンです。

【もっと⇅そこそこ】

感情A：もっとプラスしたい欲求
感情B：そこそこに抑えたい欲求

図表28　パターン【もっと⇄そこそこ】

パターン【もっと⇅そこそこ】は、明確に「プラス」したい要素がありながらも、それを際限なく過剰に「プラス」し続けると、かえってネガティブな影響がもたらされるような状況において発生します。

「過ぎたるは、及ばざるがごとし」と言いますが、行きすぎたりやりすぎたりせずに「程よい」塩梅がちょうどよい、という物事はたくさんあります。たとえば「労働時間」「余暇・気晴らし」「お金」「仲のよい友人」「信頼できる部下」などがそうでしょう。

たとえば「お金」は、たくさんあればあるほどよい気がしますが、実はそうでもないということも指摘されています。

ノーベル経済学賞を受賞した経済学者のダニエル・カーネマン氏は、年収が「7万5000ド

ル」を超えても幸福度はそこまで変わらず、無尽蔵にお金を持っていても必ずしも幸せになれないことを明らかにしています。

むしろ資産が増えるとそれを管理して守るためのストレスが増加したり、欲望もまた際限なく増幅して、いつまでも現状に満足できずに「もっとお金が欲しい」と考えるようになったりする、という話もあります。

お金が「過剰にある」状態とは、何とも羨ましい悩みではありますが、パターン【もっと⇅そこそこ】で示した「もっとプラスしたい欲求」のみの感情に支配されると、それが満たされることはない、という好例として参考になります。

あるときまではポジティブだった要素が「過剰」になり〝あるライン〟を越えると、ネガティブな影響に転換していく。しかしこの〝あるライン〟を察知して、適切なタイミングで自分にブレーキをかけるのは、なかなかに困難です。頭では「暴飲暴食はしないほうがいい」ということをわかっていても、それができれば苦労しないのと同様です。

年収が7万5000ドルあれば十分だとわかっていながらも、きっと7万5000ドル稼いだら、「もうちょっとくらいあってもいいだろう」と、8万ドルを目指したくなってしまう。そして8万ドル稼いだら……。

私たちはこのようにして、常に「もっと欲しい」のだけど、きっとどこかで「これ以上は要らない」「そろそろ抑えたい」というパラドックスのあいだで、絶妙な塩梅の加減を

うまく取れずに悩み続けている生き物なのです。

パターン【もっと⇅そこそこ】は、右に挙げたような「時間」「お金」のようなリソースから、「友人」「部下」のような人間関係まで、さまざまな対象に出現するパラドックスです。さらにはアルコール、タバコ、ギャンブル、ゲーム、スマホ、買い物、恋愛などのいわゆる「依存症」の対象となるものも、【もっと⇅そこそこ】の感情パラドックスの要因となります。重度の依存症の治療には専門的な支援が必要ですが、脳の報酬系の刺激によって生まれる「もっと」の欲求と、それに理性でセーブをかける「そこそこ」の欲求の葛藤は、誰にとっても他人事ではないはずです。

「自由」も「関係性」も〝程よい〟くらいが一番

パターン【もっと⇅そこそこ】は、他のパターンと同時発生しがちです。

たとえば【変化⇅安定】の一例として紹介した「自由でありたいけれど、制約（しがらみ）も欲しい」という感情パラドックスもそうです。基本的には「現状を変化させたい欲求」と「現状を安定させたい欲求」の矛盾によって生まれるものですが、ここにパターン

【もっと↑↓そこそこ】もミックスされていると解釈すると、理解が深まります。

たとえば「自由でありたい」を【もっと↑↓そこそこ】のプラス側に置き換えて、「もっと〝自由度〟をプラスしたい欲求」と捉えてみます。

これまで本書の随所で示してきた通り、無闇やたらに「自由」を追求することは、かえってのしかかる責任を重くし、自分自身を「縛る」ことになりがちです。

また、人間は「選択肢」が増えすぎると、意思決定のコストが増大します。要するに「たくさんありすぎて、選べない」状況になるわけです。

今思えば、高校生のときに「理系か、文系か」を選択して、受験科目から「世界史か、日本史か」「化学か、物理か、生物か」を選択して、興味のある「大学の学部」を選択する……という段階的なアプローチは、とても合理的だったと感じます。

もちろん、このキャリア形成の仕方に問題点もあるでしょうが、最初のうちから「1万種類以上ある職業から、好きな目標を選びなさい」などと言われたら、あまりに自由度が高すぎて、悩み込んでしまったに違いありません。

私たちにとって、自由すぎることは、かえって不自由なのです。それゆえに、次の2つの感情が常に混じり合っているといえます。

●自由でありたい（=もっと〝自由度〟をプラスしたい欲求）

●そこまで自由でなくてよい（＝〝自由度〟をそこそこに抑えたい欲求）

これはまさにパターン【もっと⇅そこそこ】の感情パラドックスです。

他にも、たとえばパターン【素直⇅天邪鬼】で示した「仲良くなりたいけれど、仲良くなりたくない」という感情パラドックスも、パターン【もっと⇅そこそこ】のミックスだといえます。

これもベースは「仲良くなりたい」という本心に対して、コンプレックスによる自己欺瞞が起きている状態だと解釈できますが、そもそも人間関係というものは「仲良くなりすぎる」と、いろいろな問題が起きるものです。

お互いにある程度の遠慮や距離感があったからうまく付き合えていたものが、会う頻度が増えて、お互いの良いところも悪いところも全部がよりわかるようになってくると、より親密になれる反面、ストレスや揉め事も起こります。

それを「対話」で乗り越えてこそ、真に深い関係性が築けるわけですが、それには粘り強く、時間をかけてコミュニケーションを重ねていくことが不可欠です。

したがって、たとえコンプレックスがなくとも「もっと仲良くなりたい」感情の背後には、「仲良くなりすぎるのは、ちょっとめんどうだ」「そこそこの仲の良さでよい」という【もっと⇅そこそこ】のパラドックスも働くのです。

【もっと⇅そこそこ】の感情パラドックスの例

例「もっとお金を稼ぎたいが、稼ぎすぎたくはない」
例「もっと仕事に使える時間が欲しいが、働きすぎたくはない」
例「もっと自由でありたいけれど、ある程度制限されたい」
例「思いっきり飲んで食べたいけれど、暴飲暴食はしたくない」
例「もっと仲良くなりたいけれど、仲良くなりすぎたくない」

4.5 パターン【自分本位⇅他人本位】

自分のためか、世のため人のためか【自分本位⇅他人本位】パターン

基本パターン【自分本位⇅他人本位】とは、「自分の視点に基づく欲求」と「他人の視点に基づく欲求」のあいだで感情パラドックスが発生するパターンです。

【自分本位⇅他人本位】
——感情A：自分の視点に基づく欲求
感情B：他人の視点に基づく欲求

図表29 パターン【自分本位⇄他人本位】

パターン【自分本位⇅他人本位】は、いわゆる「自分のために生きる」のか、あるいは「他人のために生きる」のか、という人類が長らく悩み続けている根源的な問いです。これもまた、あらゆる職種の仕事や、生活のあらゆる場面で遭遇する汎用的な感情パラドックスのパターンです。

このパターンは基本的には第2章の「精神の構造」のコンプレックスや、「動機の構造」で示した「アンダーマイニング効果[*30]」や「得意技の罠」の複合によって発生します。

多くの人は、少なからず幼少期に「他人に迷惑をかけてはいけない」とか「人に役立つことをするとよい」などのアドバイスを通して、親や教師から「他者」の視点を教育されます。

この過程で〝ありのままの自分〟を受け入れられず、〝他人によってしか評価されない〟という

感覚を学習してしまうと、それがコンプレックスとなって、無意識に「自分の視点に基づく欲求」にフタをするようになり、心の拠り所が「他人の視点に基づく欲求」に偏っていくのです。

その状態が長く続くと、心のバランスが保てなくなって、体調を崩してしまったり、あるいは一念発起して「自分の好きなことをやろう!」「自分に正直に生きよう!」と決意します。

ところが、満を持して「自分が好きなこと」や「得意なこと」を尊重して生きていけるようになった人も、いつしか「得意技の罠」によって、ふと気づけば「他人の期待に応えること」に目的がすり替わってしまう。これがパターン【自分本位⇅他人本位】の厄介なところです。

これに加えて、「組織の構造」「社会の構造」で示したようなあらゆる「無茶振り」が、私たちには常に外部から降り注ぎ続けます。このような状況では、いったい目の前の仕事を「自分のため」にやっているのか、「他人のため」にやっているのか、判別がつかなく

＊30 内発的動機に基づく行為に対して、報酬を与え続けて、その後に報酬をなしにすると、報酬を与える前よりもその行為の動機が下がってしまう現象

なってくるのです。

キャリアの成長の過程で、この「自分のため」と「他人のため」は、対立関係ではなく、うまく統合されることが時折あります。まさに「自分の好きなことで、他人の役に立っている！」と、心から感じられる状況です。

好きなことを貫いてスキルを鍛錬した結果、他人に喜んでもらえるレベルの専門性が身についたケース。もしくは、最初は「他人のため」にやっていた仕事が、だんだん愛着が湧いてきて、それ自体が「楽しい」と思えるようになったケースもあるでしょう。

いずれにせよ「自分のため」＝「他人のため」の状況が成立できると、とても充実感に包まれます。これが続けばキャリアにとっては最高なのですが、残念ながら、これもまた長くは続きません。この両立をずっと「維持」することはなかなかに困難で、続けていくうちに「飽き」も重なって、次第に「内発的動機」が失われていき、再び「得意技の罠」にハマることがあるのです。

勝ち筋が見えない〝無理ゲー〟社会では、早々にこのパラドックスに向き合うことを放棄し、最初から自己実現を諦めて「やりたいことなんかない」と嘆く人もいます。

しかし哲学者のジョン・デューイは、「**衝動**（内発的動機のようなもの）」は、本来は人間の本能に近いもので、精神的な病気で無気力になってさえいなければ、誰にでも備わっ

ているものだと指摘しています。[31]

答えも本音も「わからない」この不確実な現代を生きる私たちが、もっとも向き合い続けなければならないのは、この【自分本位⇅他人本位】のパラドックスかもしれません。

【自分本位⇅他人本位】の感情パラドックスの例

例「自分の好きなことを貫きたいけれど、他人から評価されたい」

例「自分の得意技を磨き続けたいけれど、他人に飽きられたくない」

例「自分のやりたいことに挑戦したいけれど、他人に役立つことを続けたい」

例「自分はこうしたいと思うけれど、それに反する上司の指示も守りたい」

＊31　ジョン・デューイ（1938）『経験と教育』市村尚久訳、講談社（邦訳2004）

OXICAL

NG

PARAD

PART 2

実践編

HINKI

5

第5章

パラドックスを受容して、悩みを緩和する

5.1 自己受容は悩みを緩和する

悩みの原因は、感情パラドックスに「気づいていない」こと

ここからは実践編として、パラドックス思考の具体的な方法を解説していきます。この第5章では、パラドックス思考の第一歩であるレベル❶「感情パラドックスを受容して、悩みを緩和する」の方法を解説します。

パラドックス思考の3つのレベル

レベル❶　感情パラドックスを受容して、悩みを緩和する

レベル❷　感情パラドックスを編集して、問題の解決策を見つける

―レベル❸ 感情パラドックスを利用して、創造性を最大限に高める

受容とは、文字通り「受け入れる」ことです。

単に受け入れるだけでは解決になっていないようにも思えますが、この「受け入れる」というのが、実は意外にも深い「悩み」から解放され、効果的な「問題の解決策」や思いも寄らない「アイデア」にたどり着く上で、重要な〝初手〟になるのです。

なぜなら「厄介な問題」の背後にある「感情パラドックス」は、「隠れている」ために、ほとんどの場合、当事者たちはその感情を自覚していません。問題が厄介である最大の原因は、自分がどのような感情パラドックスを持っているのかに、そもそも「気がついていない」点にあるのです。

あるいは、薄々勘づいてはいながらも、それを認めたくないために「気づかないふりをしている」場合もあるでしょう。

悩みを解消する上で、原因に「気がつく」ことは、実に重要です。

特に外部環境に「わからなさ」が渦巻くＶＵＣＡな時代においては、自分の感情にうまく向き合えない場面が増えていますから、なおさらです。

まずは自分がどのような感情パラドックスを持っているのか、隠れた感情に気がついて、受け入れること。それが人間にとって「よくあるパラドックス」であることを認めるだけ

でも、主観的な「悩み」は緩和され、気持ちが楽になるのです。

感情を「メタ認知」して、パラドックスを自分から切り離す

このように自分がどのような感情を抱いているのか、自分自身で把握することを「**メタ認知**」と言います。「メタ」とは「高次の」という意味です。自分や自分を取り巻く状況を、俯瞰的かつ客観的に把握することです。[*32]

メタ認知のコツは、「**自分**」**と**「**問題**」**を切り離す**ことです。「なんだ、自分の悩みの正体はこれだったのか」と問題が客観視できると、自然とモヤモヤが晴れるのです。

感情パラドックスをメタ認知する効用について、とある大企業の課長職を務める40代男性のケースを例に考えてみましょう。

この男性は新卒入社以来、いわゆる「会社一筋」で約15年働き続け、30代後半にして課長職に任命されました。このときは長年の努力が報われた思いで、これまで以上にやる気に溢れてきました。

自分を育ててくれた上司への恩を返すためにも、自分なりの理想のマネージャー像を思

い描き、事業目標の達成だけでなく、人材育成やケアにも熱心に取り組み、〝よい課長〟として部下にも慕われるようになってきていました。

ところが、最近になって中途入社してきた20代後半の部下とのコミュニケーションがうまくいかず、ミドルマネージャーとして初めて「壁」にぶち当たってしまいました。

この部下は、人当たりはよく社交的で、悪い人間ではないのですが、入社当初から「副業」にかまけていて、定時になれば多少の業務が残っていても即退社。どうしてもその〝チャラチャラ〟した様子に虫唾《むしず》が走り、どう指導してよいものか、手を焼いていました。

会社としては副業は禁止されていませんから、副業をするなとも言えません。具体的なフィードバックが思いつかないまま、時に1 on 1でイライラをぶつけてしまい、「もっと真面目に働け！」などとつい声を荒げてしまうこともありました。そのたびに自分が理想とするマネージャー像との乖離に、自己嫌悪になっていました。

パラドックス思考の出発点である「メタ認知」のコツは、いきなりこの「マネジメントの問題」の解決に挑むのではなく、「そもそも自分はどんな感情パラドックスを抱えてい

＊32　A・L・ブラウン（1984）『メタ認知：認知についての知識（ライブラリ　教育方法の心理学2）』湯川良三、石田裕久 訳、サイエンス社

るのだろうか?」と、客観的に眺めることから始めます。

いわば、自分の心の奥底に潜んでいる感情パラドックスを「外側」に引っ張り出して、自分を悩ませていた「厄介な問題」と「感情パラドックス」を切り離すのです。

問題解決からあえて離れて、自分の隠れた感情を覗き込む

頭を悩ませていた〝部下の業務態度をいかに変えるか?〟という問いをいったん忘れて、まずは男性自身が心の中にどのような感情を抱いているのか、見つめてみます。

最初に自覚されるのは、おそらく部下に対する「怒り」「嫌悪」「軽蔑」「失望」といった、相手を貶め、非難したくてたまらない感情です。まずは、自分が部下を「嫌いだ」と思っていることを、素直に認めてみます。

次に、このような非難する感情がなぜ生まれるのか? さらに自問自答してみます。

この部下の成長を心から望んでいて、高い期待があるからこそ、現状のパフォーマンスが物足りなく感じるのだろうか……男性の中での〝よい上司〟であれば、これを理由に選ぶのでしょうが、残念ながら、そのような感情は、男性の本心には見当たりません。

ここで、前章で紹介したパラドックスの基本パターンを参照してみると【素直↑↓天邪

鬼】のパターンが目に留まります。

【素直⇅天邪鬼】とは、本心に基づく素直な欲求と、本心に反する天邪鬼な欲求のあいだで発生する感情パラドックスのパターンです。対象を非難し嫌悪するような反応を示しながらも、実は内心では評価していて、賞賛や憧れを抱いている。

この男性のケースも、実は部下に対して何らかの「羨望」の感情が潜んでいたのではないか？　そのように疑いをかけて、自分を客観視してみるのです。すると、あまり素直に認めたくなかったけれど、部下が本業にとらわれずにプライベートや副業に取り組む姿に、嫉妬に近い感情を抱いていることに気づきました。

思えば、男性自身はこれまで半ば「自己犠牲」の精神で、会社に貢献してきました。キャリアや時代環境に不安がある中で「副業」に興味を持ってあれこれ調べたこともありましたが、踏ん切りがつかず、何より残業が忙しくてゆとりがなかったことから、諦めていたのです。

そうか、自分は軽快に自己実現している部下の姿に、憧れを抱き、嫉妬していたのか。本当は自分自身が〝チャラチャラ〟したかったのかもしれないな。そんな矛盾した感情もまた「めんどくさいけれど愛らしい」自分の特徴として、受け入れるのです。

パラドックスの発見方法は次節から詳しく解説しますが、手順を丁寧にたどれば必ず自

図表30　感情パラドックスをメタ認知する効用

問題がややこしくて
悩ましいし辛い…
感情
パラドックス
（気づいていない）
これはよくある
感情パラドックスだな
感情
パラドックス

分の感情の矛盾が見つかるはずです。そして自分の感情をパラドックスの形式で「Aしたいけれど B したい」と書き出してみると、漠然としたモヤモヤの正体が明確になって「なんだ、自分はこんなことで悩んでいたのか」「これによって、マイナス思考がループしていたのか」などと、気がつくことができる。これが、メタ認知の効用です。

悩みを〝平凡化〟して、ツッコミを入れると楽になる

多くの場合、自分が悩まされている感情パラドックスは、前章で紹介した「5つの基本パターン」のどれかに当てはまるのではないでしょうか。

図表23（再掲） **感情パラドックスの基本パターン**

基本パターン	感情A	感情B
素直⇄天邪鬼	本心に基づく 素直な欲求	本心に反する 天邪鬼な欲求
変化⇄安定	現状を変化させたい 欲求	現状を安定させたい 欲求
大局的⇄近視眼的	俯瞰・大局的な 欲求	近視眼的な 欲求
もっと⇄そこそこ	もっとプラスしたい 欲求	そこそこに抑えたい 欲求
自分本位⇄他人本位	自分の視点に基づく 欲求	他人の視点に基づく 欲求

感情パラドックスの基本パターン

1 【素直⇄天邪鬼】
2 【変化⇄安定】
3 【大局的⇄近視眼的】
4 【もっと⇄そこそこ】
5 【自分本位⇄他人本位】

この中の1つに当てはまらなくても、関連するパターンがいくつか混ざっている場合もあるでしょう。

人間は、自分の悩みを「深刻で特別なもの」だと思いたい生き物です。こんな「パターン」で自分の悩みが説明できてたまるか！　と、言いたくなるかもしれません。

その気持ちもわかりますが、あえてここは「基本パターン」に当てはめて、ラベルを貼り付けて、自分の悩みを〝平凡化〟してみま

しょう。

私の悩みは「特別」かもしれないが、その要因となっている「感情パラドックス」そのものは、普遍的な「あるある」のパターンであって、これまで多くの人が悩まされてきた「ごく平凡な現象」なのだ。そう言い聞かせるのです。

このように自分の問題に名前をつけることは、それ自体がメタ認知の助けになります。ナラティブセラピーと呼ばれる心理療法において、これを「**外在化**」と言います。

メタ認知と基本パターンをうまく使って、自分と感情パラドックスを切り離し、外に出すこと。そしてその感情パラドックスを「人間にとって、よくあることだ」と捉え直し、受け入れること。これが、パラドックス思考の最初の一歩なのです。

次節では、感情パラドックスの見つけ方について、さらに詳しく説明していきます。

5.2 パラドックスを発見する手順

感情パラドックスを発見する5つの手順

本節では、パラドックス思考のレベル❶「感情パラドックスを受容して、悩みを緩和する」の具体的な手順を解説します。

「自分の感情パラドックスは何だろうか？」といきなり考え始めても、自分の悩みの本質を捉えた〝よいパラドックス〟はなかなか見つかりません。

うまく「基本パターン」に当てはまれば「自分の悩みの原因はこれだ！」とスッキリするかもしれませんが、問題の解像度が低かったり、自分の感情から逃避していたりすると、パターンを眺めていてもしっくりくるものが見つからない可能性もあります。

感情パラドックスがなかなか見つからないときは、焦らずに、次の5つの手順に従って丁寧に思考を深めていきます。

STEP1：頭に浮かぶ「悩みのタネ」を書き出す
STEP2：悩みのタネを「マトリクス」に整理する
STEP3：解決したい「問題」を1つに定める
STEP4：問題を取り巻く「感情」を深掘りする
STEP5：感情をパラドックスの形式で記述する

すでに解決したい「問題」がある程度ハッキリしている場合は、STEP1〜2はざっと確認する程度にして、STEP3からじっくり取り組むとよいかもしれません。

問題が絞り込めているわけではないけれど、漠然とした不安やストレスがある場合は、まずはSTEP1に時間をかけて取り組んで、自分の言葉にならない悩みのタネを言語化するところから始めてみてください。

STEP1：頭に浮かぶ「悩みのタネ」を書き出す

まずは自分の「悩みのタネ」を紙に書き出してみます。

どんなに小さなものでもよいから、自分自身を悩ませている要因を思いつく限りリストアップするところから始めます。

悩みのタネとは、自分の日々の生活、仕事、人間関係、キャリアなどに関してストレス源になっているものや、解消したいがなかなかなくならないもの、それについて考えると気分が落ち込むもの、一時的に解決したはずが油断すると発生するもの、「もう考えるのはやめよう」と思っても気づくと考え込んでしまうもの、などです。

カテゴリや形式にとらわれずに、とにかくあなたの脳裏にこびりついている、頭から離れないネガティブな要素は、すべて「悩みのタネ」と見なして書き出します。10個でも20個でも、とにかく思いついたものは迷わずすべて、発散的に書き出すことがポイントです。

悩みのタネを書き出す（例）

- キャリア不安
- 家族とのコミュニケーションが億劫
- 職場の心理的安全性が低い

●恋愛が長続きしない
●引っ越したい
●お金……など

このときに、できれば「アナログ」の「紙」に書き出すことがおすすめです。行間やフォントが固定化された無機質なデジタルメモよりも、自分の筆跡で、手触りのある紙に思考を吐き出したほうが、自分の感情に向き合いやすいように思います。

紙のノートでもよいですが、可能であれば「付箋」のような、小さく細切れで貼り付け可能なもののほうが、この後のSTEP2の作業がやりやすいでしょう。

もしかすると、書き出しているうちに、悩みが少しだけ晴れて、気持ちが楽になる感覚を覚えるかもしれません。これもまさにメタ認知の効用で、悩みのタネを「自分」から「紙」に移動して俯瞰するだけでも、自分を客観視することができるのです。

この時点で焦って「感情パラドックス」を見つけようとする必要はありませんが、まれに悩みのタネが「〜したいけれど、〜したい」という形式で表出することもあります。たとえば、次のようなものです。

●時間をかけて新たな仕事を仕込みたいけれど、目の前のタスク処理に追われてしまう

●個人で成果を出したいけれど、部下の育成もしなくてはならない
●のんびりとした生活を大事にしたいけれど、仕事でのキャリアアップも捨てたくない

これらは後のＳＴＥＰ５で「感情パラドックス」として対処できる可能性がありますから、特に注視しておきましょう。ただし、すでにパラドックスらしい形式になっているものも、念のためＳＴＥＰ２〜４を通して、本当に矛盾した感情になっているかどうか、深掘りしておきましょう。

もうこれ以上は思いつかない、十分に書き出せた、と感じたらＳＴＥＰ１は完了です。

ＳＴＥＰ２：悩みのタネを「マトリクス」に整理する

悩みのタネが書き出せたからといって、焦りは禁物です。ここからいきなり「１つ選ぶ」のではなく、まずは「悩みのタネ」たちを眺めながら、悩みの整理をします。

書き出した「悩みのタネ」の中には、「抽象的」なものと「具体的」なものが混在しているはずです。

抽象的な悩みのタネとは、たとえば「結婚」「転職」「仕事」「お金」「キャリア」「マネ

ジメント」「健康」といったような、人生における複数の悩みを包含するようなカテゴリ、キーワードです。これらはいずれも〝タネ〟というには巨大な、人生のテーマのようなものでしょう。

具体的な悩みのタネとは、次のような、悩んでいる様子が目に浮かぶような、ストレスが明確な記述です。

●明日の勝負プレゼンでうまく話せるか不安
●今月の営業数値の着地見込みが、目標に5%足りていない
●転職活動をそろそろ始めたいけれど、時間が取れない
●子どもが大きくなって、家が手狭に感じてきた
●以前に比べて運動不足で、腰痛が慢性化している

さらにこれらには、「短期的」なものと「長期的」なものも混在しています。

短期的な悩みのタネとは、すぐに対処すべき緊急性が高いもの、突発的に発生したトラブルなどが該当します。あるいは、喉元過ぎれば……とよく言うように、終わってしまえば解消できるストレス源もここに含まれます。〝明日の勝負プレゼン〟の緊張などがそうですね。

図表31　抽象的⇄具体的、短期的⇄長期的のマトリクス

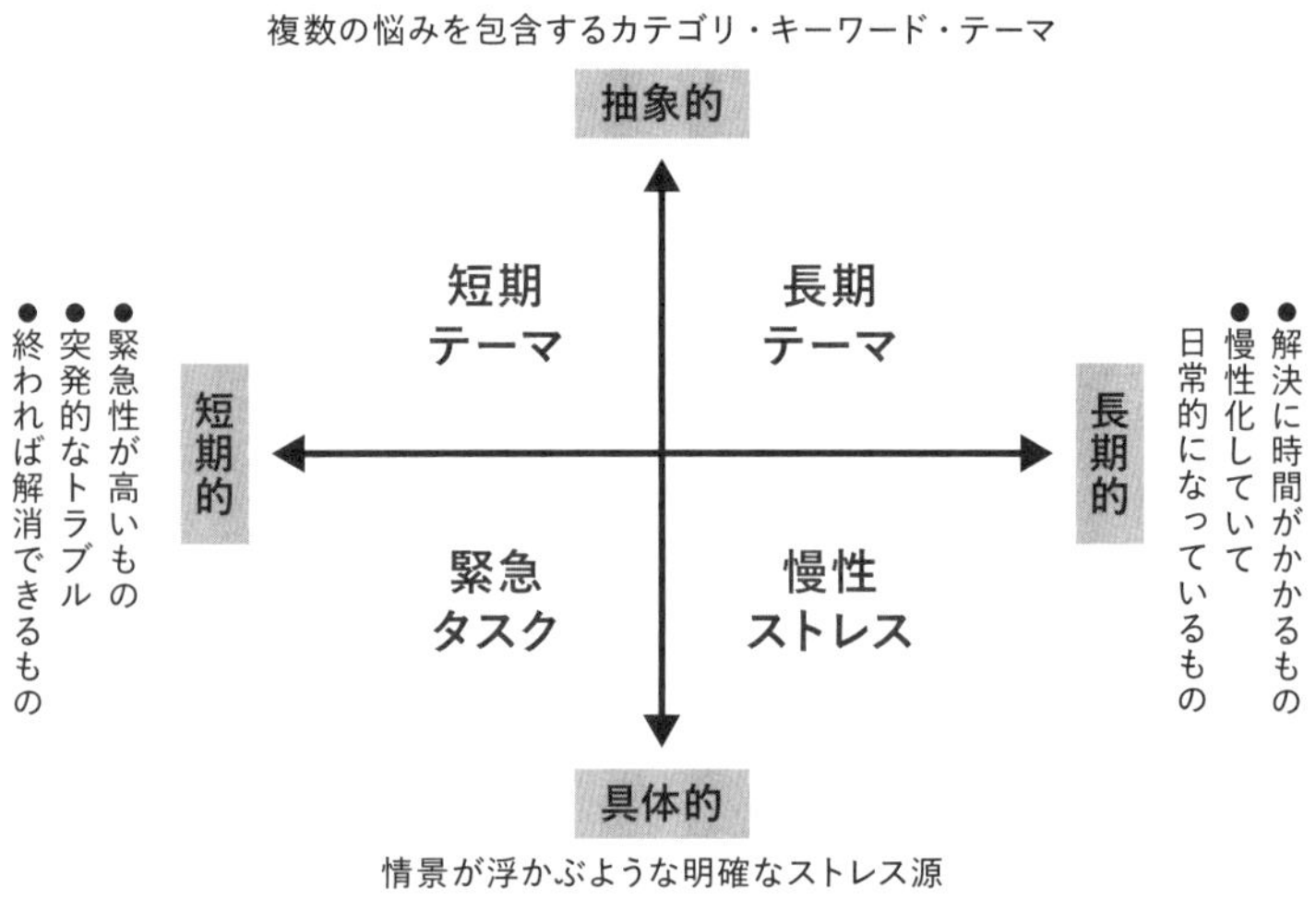

長期的な悩みのタネとは、一朝一夕には解決できない、じっくり取り組むべき複雑なものや、慢性化して日常にすっかり溶け込んでいるものです。

ＳＴＥＰ１で書き出した「悩みのタネ」をあらためて概観して、抽象的⇅具体的、短期的⇅長期的の２軸のマトリクスに整理してみましょう。その性質から各象限を「短期テーマ」「長期テーマ」「緊急タスク」「慢性ストレス」と名づけています。

こうして整理してみると、人によって傾向の違いがあるはずです。たとえば次のように、自分の〝悩みのクセ〟について、考察してみるとよいでしょう。

例：長期的な悩みは「家族」「健康」などの抽象的なテーマに偏っていて、具体的な記述があまりない
例：短期的な悩みは職場のコミュニケーションばかりで、特に上司に関するものが多い
例：短期テーマに「結婚」と「転職」が鎮座しているわりに、いずれも具体的なアクションを取れておらず、逃避しがちかもしれない

こうした気づきが得られるだけでも、メタ認知は一歩前進です。

STEP3：解決したい「問題」を1つに定める

悩みのタネをマトリクスに整理したら、いよいよ解決したい「問題」を絞り込みます。

ところで、仏教には「一切皆苦《いっさいかいく》」という考えがあります。人生は苦しみの連続で、決して思い通りにはならないことを示したお釈迦さまの言葉です。

この言葉からもわかる通り、大前提として、私たちはどんなに頑張っても、このマトリクスに配置された「すべての悩み」を解消することはできません。おそらく一生懸命に悩みに対処していっても、また別の新しい悩みが次々に出現して、このマトリクスは常に何

かしらの悩みに埋め尽くされていることでしょう。

私たちには心も体も1つしかありません。そして時間は有限です。〝人生100年時代〟というと途方もなく感じますが、たったの5200週間ほどしかありません。すべての悩みを駆逐することは諦めて「**今本当に取り組むべき問題**」を見定めて、そこに自分の貴重なリソースを費やすべきです。

しかし同時に、焦ってもいけません。問題解決の成否は、問題の「設定の仕方」にあるといっても過言ではありません。たとえば同じ「新型コロナウイルス感染症」を取り巻く問題でも、次のように切り口を少し変えてみると、どうでしょうか。

●どうすれば感染者数をゼロにできるか？
●どうすれば重症・死亡者数をもう少し減らせるか？
●どうすれば重症化率を抑えながら、経済活動を活性化できるか？

いずれも感染被害を食い止めるニュアンスが入っているものの、問題の難易度や意味合いはだいぶ異なるものになります。この微妙な設定の仕方を誤ると、問題がなかなか解けなかったり、協力者の共感が得られなかったり、いつまでもよい解決策が生まれなかったりします。

図表32　解決したい「問題」を絞り込むポイント

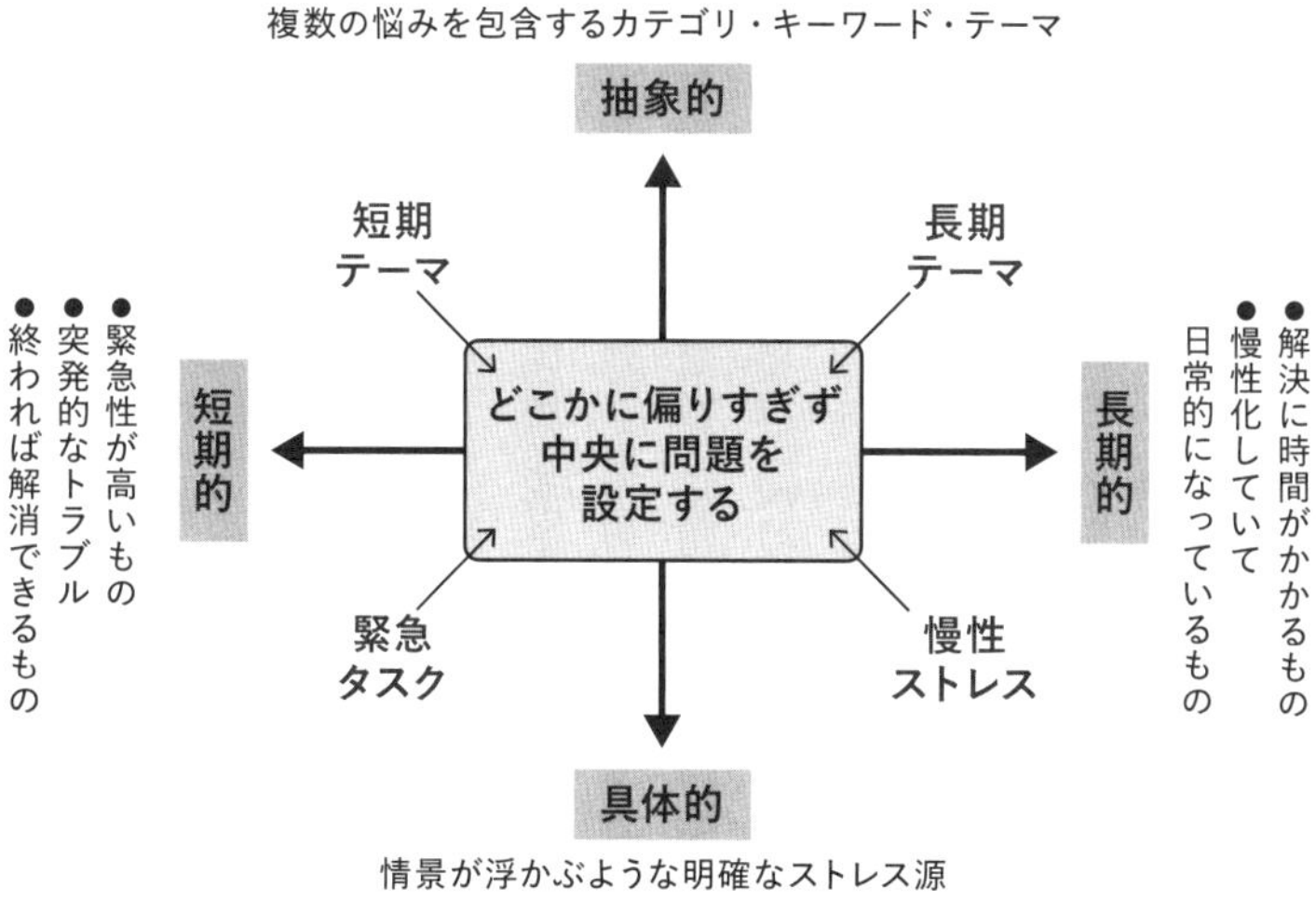

取り組む問題を定める際は、「悩みのタネ」を付置したマトリクスのどこかの象限に偏りすぎずに、なるべく「中央あたり」で設定するのがポイントです。

あまり抽象的すぎても、鋭い問題設定にはなりません。たとえば「コロナが問題だ」「キャリアが悩ましい」と叫んでいても、何が問題の焦点かわからず、具体的な答えに到達できません。

他方で「体重をあと1・5キロ減らしたい」などあまりに具体的すぎる問題でも、思考の視野が狭まってしまいます。同じダイエットの悩みでも「痩せたいはずなのに、モチベーションが上がらない」くらいの抽象度のほうが、考えがいがあるでしょう。

同じ理由で、短期的な問題よりも、少し時間のかかる問題のほうが、じっくり本質的なアプローチを練ることができます。だからといって、解決に何年も何十年もかかる問題を設定してしまっても、途方に暮れてしまいます。短くて1カ月、長くても半年くらいで成果が見込めそうな「中期的」なスパンで問題を設定するのがオススメです。

また、問題の「性質」にも注意が必要です。

専門家に相談すれば一発で解決できそうなもの、インターネットで調べればすぐ解決できそうなものは、避けたほうがよいでしょう。それでも気が進まなければ、むしろ「〝すぐに解決できるはずの問題〟に、なぜいつまでも着手しないのか？」という問いこそが、本質的な問題の可能性があります。

また、単なるリソース[*33]の不足や、インフラ[*34]の不備そのものを直接的に問題に設定しないほうが、建設的でしょう。

たとえば「職場に人手が足りない」ことを直接的に嘆いていても、現実は変わりません。むしろ「なぜ人手が足りないのか」を考えて、問題の本質を探るのです。そうすると「仕事が過剰に供給されている」「人事が採用に注力していない」「入社しても人材が定着しな

＊33　人手、物資、資金、時間など
＊34　インフラストラクチャーの略。社会生活の基盤となる設備、機関、制度、システムのこと

い」など、さまざまな切り口が考えられます。

自分たちの試行錯誤によって何とかなりそうなレベルの、「解けそうな気がするけれどなぜか解けない」と感じる塩梅の問題を設定しておくことがコツです。

ここまでコツを説明してきましたが、どうしても問題設定に困ったときには、あまり理屈で考えすぎず「直感」を大切にしてください。本書の理論編で学んだパラドックスを生み出すメカニズムを思い出して、「パラドックス思考」で取り組んでみたい問題を「えいや！」と立ててしまうのも有効です。

学校のテストでは「答え」が間違っていたら減点ですが、設定した「問題」が間違っているなと感じたら、後で変えればいいのです。

STEP4：問題を取り巻く「感情」を深掘りする

「問題」を定めたら、次にその問題を取り巻いている「感情」に目を向けます。

基本的には、設定した「問題」についてあらためて思いを巡らせたときに、心の中にどのような欲求、気持ち、感覚が浮かんでくるのか、それを言葉にして付箋などの紙に書き出していくとよいでしょう。

シンプルにまずは「〜したい」「〜したくない」という形式で、欲求を言葉にします。

●したいこと（こうなりたい・やりたい）

●したくないこと（こうなりたくない・避けたい）

たとえば、前節で紹介したとある大企業の課長職を務める40代男性のケースを再び例にして考えてみましょう。この男性は、新卒入社以来コミットし続けてきた会社のために〝よい課長〟を目指しながらも、軽やかなフットワークで副業に取り組む〝チャラチャラ〟した20代の部下のマネジメントに手を焼いていました。

この問題を取り巻く欲求を書き出すと、次のようになるでしょう。

したいこと

- 〝よい課長〟になりたい
- もっと部下に熱心に本業に取り組んでほしい
- 1on1でうまくフィードバックしたい

したくないこと

●部下に過度にイライラしたくない

このSTEPのポイントは、〝客観的な状況〟ではなく〝主観的な感情〟を意識的に書き出すことです。すなわち「環境が、こうである」という形式ではなく、主語は「私（I）」で、動詞は「こう感じる（feel）」「こうしたい（want）」という形式で書き出します。

たとえば「部下が〝チャラチャラ〟している」というのは、自分自身の感情というより、自分の周囲の「状況」の説明です。そうではなく、その「状況」において「私」が心の中で感じている感情を記述しておくことがポイントです。

こうして書き出した感情を起点に、さらに「深掘り」するにあたって、第2章で紹介したロバート・プルチックの「感情の輪（Wheel of emotions）」のフレームが有効です。

基本感情である「喜び（joy）、信頼（trust）、恐れ（fear）、驚き（surprise）、悲しみ（sadness）、嫌悪（disgust）、怒り（anger）、期待（anticipation）」のうち、どれが近いだろうか。

もしベースが「怒り」であれば、それは「激怒」ほど強いものだろうか？　あるいは「煩しさ」程度だろうか？

周辺にある「不安」「興味」「警戒」などの感情に、何か近い要素はないだろうか？

図表7（再掲） プルチックの「感情の輪」

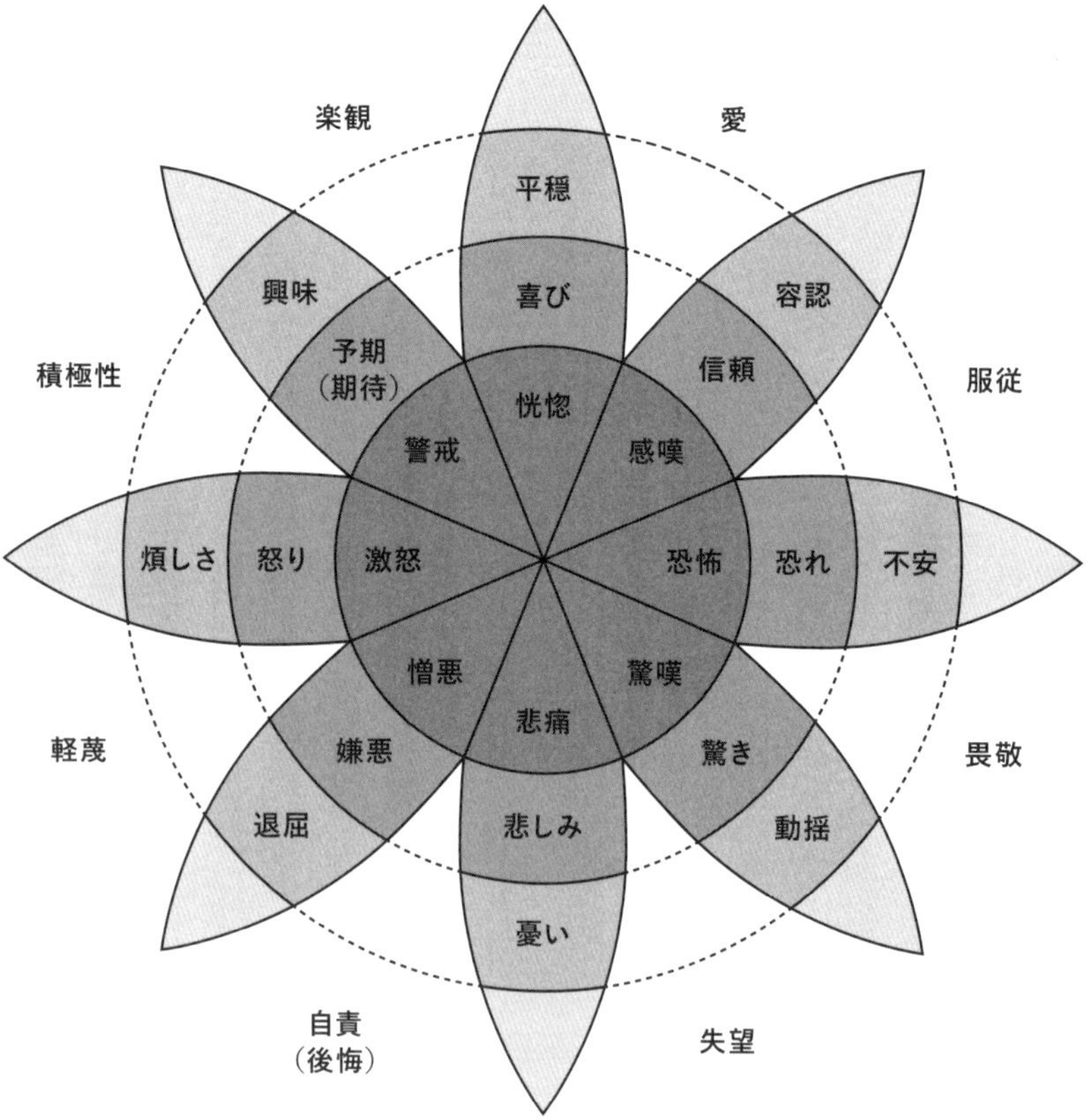

出所：Robert Plutchik, Henry Kellerman (1980) Emotion: Theory, Research, and Experience: Vol.1 Theories of Emotion. New York: Academic Press

自分はこの件で「悲しみ」を感じていないか？　相手を「恐怖」していないだろうか？　などと、感情のラベルを当てはめてみて、問題の背後に潜んでいる感情の性質を言い表せる〝じっくりくる言葉〟を探していくのです。
そうすると、最初に書き出したよりも記述が詳細になり、問題の背後にある多彩かつ繊細な感情が言語化されていくはずです。

最初に書き出した感情（Before）例

● 〝よい課長〟になりたい
● もっと部下に熱心に本業に取り組んでほしい
● 1 on 1でうまくフィードバックしたい
● 部下に過度にイライラしたくない

感情を深掘りした後（After）例

● 〝よい課長〟として自信を持てるようになり、仕事に喜びを感じたい
● もっと部下に愛情を持って接し、寛容でありたいと思っている
● 厳しく指導すべき問題行動ではないのに、部下に過剰な嫌悪感を感じている
● 部下に対して興味を持っているものの、自分にはない才能の発揮に警戒や不安を感じ

―　ている部分もある

前述の例のように、素朴に表現されていた感情が別の言葉に言い換えられていたり、記述の文字数そのものが増えていたりすれば、感情の解像度が上がった証拠です。

次のＳＴＥＰでは、この深掘りした感情をもとに、いよいよ「感情パラドックス」を定義します。それゆえ、このＳＴＥＰ４の段階で、できる限り自分の心の奥底に潜んでいる「隠れた感情」を発掘できているかどうかが重要になります。

「感情の輪」だけでは難しいと感じる場合は、次節で心の奥底に「隠れた感情」を発掘するためのテクニックをいくつか紹介するので、そちらも併せて参照してください。

ＳＴＥＰ５：感情をパラドックスの形式で記述する

最後のＳＴＥＰは、いよいよ「感情パラドックス」を具体的に記述する段階です。

ＳＴＥＰ４までの段階に丁寧に取り組んできたら、すでにいくつかの矛盾する感情の片《へん》鱗《りん》が見つかっているはずです。

このうち「この２つが同時に実現できれば、悩みが晴れる！」と思える感情を、パラ

図表33 矛盾する感情をパラドックスの形式で記述する

ドックスの形式で記述するのです。

「感情パラドックス」の定義は、第1章で紹介した通り、問題の背後に、矛盾する「感情A」と「感情B」が存在する状態です。すなわち、どちらかの感情を優先すると、納得のいく答えが出せなくなる状態のことです。

この「感情A」と「感情B」の両極に、それぞれ「～したい」「～したくない」「～と感じる」などの形式で記述するのです。

そうすると「仲良くなりたいけれど、仲良くなりたくない」「自分の得意技を磨き続けたいけれど、他人に飽きられたくない」といったような「AだけれどB」という形式で感情パラドックスをまとめることができます。

この段階で、第4章で紹介した「基本パターン」のどれかに当てはまっていないかどうか、チェックしておくとよいでしょう。基本パターンに持ち込めれば解決策が立てやすいため、一番近そうなものを参考にしてその形式で記述したり、関連しそうないくつかの基本パターンの組み合わせで記述したりするのも有効です。

感情パラドックスの基本パターン

1 【素直⇅天邪鬼】
2 【変化⇅安定】
3 【大局的⇅近視眼的】
4 【もっと⇅そこそこ】
5 【自分本位⇅他人本位】

もちろん、これらの基本パターンは頻出するパラドックスをまとめたものなので、あなたの感情パラドックスが必ずしもここに含まれるとは限りません。基本パターンに当てはめられない場合は、あなたが納得する記述の仕方でまとめられればそれが一番です。

5.3 心の奥底の「隠れた感情」の発掘法

心の奥底に潜んでいる感情を、いかに掘り起こすか

前節では、感情パラドックスを発見する5つのSTEPを解説しました。

STEP1：頭に浮かぶ「悩みのタネ」を書き出す
STEP2：悩みのタネを「マトリクス」に整理する
STEP3：解決したい「問題」を1つに定める
STEP4：問題を取り巻く「感情」を深掘りする
STEP5：感情をパラドックスの形式で記述する

このうち、特に重要になるのはＳＴＥＰ４の「感情の深掘り」です。

前節では素朴に「したい」「したくない」といった欲求を書き出しながら、より具体的に言語化するやり方を紹介しました。

しかし、感情パラドックスが自分自身の根深いコンプレックスに紐づいていたり、置かれた外部環境があまりに複雑だったりする場合には、自分の心の奥底に潜んでいる「隠れた感情」を掘り起こすことは、そう簡単なことではありません。

本節では、心の奥底の「隠れた感情」を発掘する具体的なテクニックを6つ紹介します。

心の奥底の「隠れた感情」を発掘するテクニック

1　反転感情チェック：真逆の感情があるとしたら？
2　嫉妬心チェック：嫉妬していることはないか？
3　承認欲求チェック：言われると嬉しい褒め言葉は？
4　優柔不断チェック：なかなか決められないことは？
5　制約撤廃チェック：もしあの制約がないとしたら？
6　他人視点チェック：周囲からのツッコミどころは？

反転感情チェック：真逆の感情があるとしたら？

反転感情チェックとは、自覚している感情と「真逆の感情」を自分が持っていないかどうか、確認するテクニックです。

自分の真の感情を発掘するのが難しい最大の要因は、特定の感情が「無意識」に潜んでしまい、「意識」にのぼらなくなってしまうためです。

感情が無意識に隠れてしまう理由は2つあります。

第一に、第2章でも解説した「コンプレックス」の影響です。認めたくない劣等感などが働いて、不都合な感情を「抑圧」するためです。これについてはすでに詳しく解説済みのため、ここでは割愛します。

第二に、ある感情が「すでに満たされている」場合にも、その感情は意識されません。たとえば毎日3回食事を取ることが「当たり前」の大前提になっていると、「3食取りたい」という欲求は意識されなくなります。

しかしながら、意識されないからといって「3食取りたくない」わけではありません。そこで「痩せたい」という欲求を優先して食事を1日1回にしようものなら、たちまち「ちゃんと3食取りたい」という欲求は復活することでしょう。

「本当に大切なものは失って初めて気づく」と言いますが、すでに充足されている欲求は

軽視されやすいのです。

反転感情チェックのやり方は簡単です。すでに自覚している感情を、機械的に反転させてみることで、真逆の感情を無意識に抱いていないか、探索するのです。

たとえば、もしあなたが「縛られずに自由に働きたい」という感情を持っているとします。この感情を、意味を真逆にした感情に機械的に書き換えます。たとえば「今の会社に縛られたい」「自由になりたくない」といった具合です。

自覚している感情を、機械的に反転させる

「縛られずに自由に働きたい」→「会社に縛られたい」「自由になりたくない」


元々「縛られずに自由に働きたい」と考えていたのですから、真逆の感情などあるはずがないように思えます。

しかし前述した通り、無意識は信用なりませんから、念のため「実は〝会社に縛られるメリット〟があるんじゃないだろうか?」と疑いをかけてみるのです。

そうすると、意外にも自分が会社に所属していることや、上司や規則から自由が制限されていることによって享受しているメリットが見えてきます。たとえば、

●上司が案件数をセーブしてくれることで、オーバーワークにならずに済んでいた
●上司がリスクのある企画にNGを出すことで、クライアントのクレームを防いでいた
●自分が得意な「企画」以外の余計な業務はやらなくてよい状況になっていた

といったことです。そこには「適度に管理されているほうが、目の前の仕事に集中できていてありがたい」という隠れた感情が浮かび上がってきます。実は会社に所属していることで、「適度に管理されているほうがありがたい」という欲求がすでに充足されていたからこそ、もう1つの「自由に働きたい」という〝無い物ねだり〟の感情だけが、意識化されていたのです。

嫉妬心チェック：嫉妬していることはないか？

嫉妬心チェックとは、文字通り、自分が何かに嫉妬する感情を抱いていないかを確認し、そこから隠れた感情を紐解いていくテクニックです。

嫉妬心とは、他人が自分より優れていたり、恵まれていたりする状況に「羨ましい」「妬ましい」と感じることで、これ自体はネガティブな感情です。

しかし自分の隠れた感情に気がつくためには、このようなネガティブに思えるような感情とも向き合う必要があります。ネガティブな感情を受け入れることには気力が必要ですから、忙しい日々においては心の奥底に仕舞い込まれて「なかったこと」にされがちだからです。

さらに感情パラドックスの基本パターン【素直⇅天邪鬼】で示した「ああなりたいけれど、ああなりたくはない」「本当は好きだけど、好きじゃない」といった例に象徴されるように、内心「羨ましい」と感じているはずが、無意識のうちに歪んで「憎らしい」という感情となって発現する場合があります。

本当は「欲しているもの」であるはずなのに、そうでないかのように振る舞ってしまう。そうした「感情の歪み」を解きほぐして、自分自身の本当の欲望や目標に気がつく上で、嫉妬心はよい「手がかり」になるのです。

自分の嫉妬心を深掘りする上で、次の3つの問いを考えてみるとよいでしょう。

①褒められている第三者を見たときに、何ともいえない気持ちになって、黙り込んでしまうことはないか？

②どうしても認められない〝成功者〟は？

③〝羨ましい〟という気持ちを悟られたくないときはないか？

できるだけ具体的な場面を思い出して、言語化してみてください。

例①：新卒入社から親しくしてきた同僚が、営業本部の「新人賞」を受賞して嬉しく思ったが、祝賀会は気乗りせず、体調不良を理由に欠席した

例②：かつて自分のチームで手を焼いていた元・部下が、転職後に大活躍していると人事から報告され、面白くないと感じた

例③：早期退職して、地方に移住して田舎でキャンプをしている友人の充実したＳＮＳの投稿を見たときに、何となく「いいね！」を押さなかった

疲れているときにこうした感情に向き合うことはしんどいですから、よく眠れた天気のよい日に、散歩しながらやってみるとよいでしょう。

何とか具体的な場面を書き出したら、これらの嫉妬心を生み出している「原因」を考えます。すなわち「**自分が本当に望んでいることは何か**」を探るのです。このときに「悔しかったから」などと単純化せずに、なるべく詳細に記述することがポイントです。

例①→同僚よりも「自分のほうが才能がある」と内心考えていたため、会社と上司に自分の才能が否定されたような気持ちになり、悔しかった。祝賀会で同僚が上司に讃えられ

ている光景を見たくなかったのだと思う。何か特定の「賞」が欲しいわけでは正直ないが、同僚よりも自分の才能のほうが優れているのだ、ということをどこかの場面で上司に認めてもらいたい。

例②→当時は部下の能力と態度に問題があると思っていたが、これでは自分のマネジメントに問題があったと間接的に人事に指摘されているようで、自信を傷つけられた。元・部下の活躍が事実なのであれば、かつては「自分との相性が悪かった」だけだと言い聞かせてはいるが、それでは自分の自信は回復しない。マネージャーとしての自信を取り戻すために、胸を張れるような実績を早く出したい。

例③→ビジネスパーソンとしての向上心を失った友人に対して「見下す」ような感覚を覚えたが、それは嫉妬心によるものだと気がついた。そもそも自分は「地方に移住したい」わけではないし、ゆっくりキャンプがしたいわけでもない。よくよく考えれば、自分は仕事を辞めて役職を失ったときに、何者でもなくなってしまうことが怖いのかもしれない。そして空いた時間で、家族と向き合うことを恐れているのかもしれない。それゆえに、決断をして、家族との時間を過ごしている友人を妬ましく思ったのかもしれない。

このようにして、ふと沸き上がった「嫉妬心」を手がかりにしながら、自分の心の奥底の機微をていねいに掘り下げて、自分が「本当に望んでいること」を読み解いていく。それが「嫉妬心チェック」のポイントです。

承認欲求チェック：言われると嬉しい褒め言葉は？

承認欲求チェックとは、自分が普段「嬉しい」と感じる「褒められ方」を手がかりに、隠れた感情を紐解いていくテクニックです。

同僚でも、上司でも、後輩でも、友人でも、家族でも、どなたでも構いません。周囲からこれまでどんな「セリフ」で褒められると嬉しかったのか、「もっと言われたい」と思う褒め言葉を、挙げてみてください。

逆に「そこまで嬉しくない褒められ方」「別にそこを褒められたいわけじゃない」「その褒め言葉はもうウンザリだ」と思うものもセットで挙げて、比較してみましょう。

嬉しい褒め言葉（例）

―●「クリエイティブですね！」

●「〜さん、変わってますよね（笑）」
●「何でそんなこと思いつくんですか？」

嬉しくない褒め言葉（例）

●「実は努力家ですよね」
●「物知りですね！」
●「すごい高学歴！　勉強がお好きなんですね」

このように比較してみると、前述の例であれば、独創性や即興性など、一般的な「型」にとらわれない「創造性」を評価してほしい、という傾向が見えてきます。逆に、知識や学歴など、愚直に積み上げてきた「努力」については評価されたいわけではない、という特性があることもわかります。

ここからわかることは、自分がどのように他人に見られたいか／見られたくないかという欲求ですが、それは裏を返すと、「嬉しい褒め言葉」には「自分に足りないと感じているもの」が現れ、「嬉しくない褒め言葉」には「実際の強み」が表れています。

もし本当に〝変わっている人〟なのであれば、他人から「変わってますよね」と言われても嬉しくないはずです。内心では「自分は結局のところ、努力家なのだ」という自己認

識があり、実際にはそれが強みであり、自分の仕事の拠り所であることも頭では理解している。けれども〝非凡な天才〟に憧れを抱き、自分は「そうではない」ことを素直に受け入れられないと思っているからこそ、その「穴」を埋めるために型破りに見えるパフォーマンスを演じて、他人の評価を誘導しているのです。

このように、褒められたいセリフとそうでないセリフを比較することは、自分の真の願望に気づき、隠れた感情を掘り当てるためのヒントになるのです。

優柔不断チェック：なかなか決められないことは？

優柔不断チェックとは、普段の仕事や生活の中で「なかなか決められない」と感じていることを手がかりに、隠れた感情を紐解くテクニックです。すんなり意思決定できない事項は、背後に感情パラドックスが働いている可能性が高く、直接的なヒントになります。

たとえば、とあるベンチャー企業の新規事業責任者の男性を例に考えてみましょう。

事業の立ち上げ期は、無料キャンペーンなどの成果もあって順調に集客できていました。けれども最近、顧客から「費用が少し割高に感じる」「月額料金の高さが、継続利用の

ハードルになっている」というフィードバックを受け、退会率に頭を悩ませていました。

ＣＥＯからも開発メンバーからも「料金の値下げを検討してはどうか」と提案されていましたが、「一度下げてしまったら戻しにくい」という理由を盾に、このアジェンダをいったん保留し、周囲には「とりあえず、簡単には下げられないので、しばらく今の料金設定で様子を見ます」と説明していました。

これはたしかに事業責任者として「慎重な判断」ではありますが、このような「決められずにいる」状況の背後には、感情パラドックスが存在していて、そこにはまだ自分でもうまく言語化できていない感情が潜んでいる可能性があります。

感情パラドックスの基本パターンでいえば、【変化↕安定】、すなわち「決めたいけれど、決めたくない」というパラドックスに陥ってる状況といえるでしょう。

ここから感情を掘り下げるためには「なぜ決められないのか」の原因を考察するわけですが、おそらくほとんどの場合、それを考えたとしても「リスクがあるから」「どちらが正解かわからないから」といった安易な答えから抜け出せないはずです。それでは、背後に潜んだ「隠れた感情」は見えてきません。

そこで、もう少し踏み込んで、次のような問いに思考を巡らせてみるとよいでしょう。

①どちらかに決めてしまった場合、自分は「何を失う」と考えているのか？

②今決めないでおくことで、自分が「何かを得ている」としたら？

このように考えてみると、決められない「真の原因」が見えてきます。

①どちらかに決めてしまった場合、自分は「何を失う」と考えているのか？

自分は事業責任者として、サービスの「提供価値」をとにかく高めていきたいと考えている。安易に料金を下げてしまうことは、提供価値の向上を諦め、開発のクオリティを妥協する言い訳を生み出してしまい、チーム全体の士気を下げてしまうと考えている。

②今決めないでおくことで、自分が「何かを得ている」としたら？

他方で、果たして本当に「料金を下げる」だけで、顧客数が増えるのか？という不安もある。自分としては「提供価値」にこだわりたいが、正直まだ納得のいく水準とはいえない。料金を下げないうちは、事業のうまくいかなさを「料金」のせいにしていられたが、もし値下げしても状況が改善しなければ、いよいよ「提供価値の不十分さ」に向き合わなくてはならなくなるため、完全に「言い訳」がなくなる「怖さ」があるのかもしれない。

この自己分析から、実は「決めたいけれど、決めたくない」という【変化⇅安定】のパ

ラドックスの背後には、「提供価値を高めたいけれど、提供価値に向き合うのが怖い」というパターン【素直⇅天邪鬼】に類する感情パラドックスが見えてきました。

以上の例のように、なかなか決められない物事の背後にある「何かを失う不安」や「密かに得ている利点」を探ることで、隠れた感情が見えてくることがあるのです。

制約撤廃チェック：もしあの制約がないとしたら？

制約撤廃チェックとは、自分の目標を阻害する「制約」が仮になかった場合のことを想像して、自分が無意識に抑圧している欲求を発掘するテクニックです。

この世に「何の制約もない」という人はいないはずです。使えるお金、使える時間、使える道具、身体能力、頼れる人脈、法律や組織のルールなど、さまざまな環境的な制約の中で、私たちに「できること」はきわめて限られています。

1日が「24時間」より増えることがないように、これらの制約は基本的には変えられないものかもしれません。けれども「仮に」でもいいから、これらの制約を取っ払ってみたとしたら、自分にどんな欲求が芽生えるのか。それをシミュレーションしてみることで、自分の隠れた感情を探るのです。

制約撤廃チェックのコツは、いきなりあらゆる制約を取っ払って「何でもあり」にはしないことです。億万長者になって、無限の時間があって、法律も重力も無視できるとしたら……なんて「ありえない」状況を想像しても、リアリティがなさすぎて、自分の感情は知覚できません。

ポイントは、特定の制約をピンポイントで、少しだけ外してみることです。たとえば、次のような問いを考えるとよいでしょう。

●もし週に＋1日だけ自由時間が増えたら……
●もしこの締め切りが1カ月延びたら……
●もし使える予算が20％だけ増えたら……
●もし上司が1つだけお願いを聞いてくれるとしたら……
●もし自宅の間取りが1部屋増えたとしたら……

など、具体的な制約を少しだけ撤廃したときに、自分にどんな欲求が生まれえるのかを、具体的に想像してみるのです。

このようにして、ちょっとだけ〝欲張り〟になった自分を想像したときに生まれてくる感情は、自分が現実の制約において「どうせ無理だろう」と仕方がなく諦めている「抑圧

された感情」である可能性があります。

しがらみだらけの〝無理ゲー〟社会においては、こうした「どうせ無理だろう」が何重にも折り重なって、人々を「無気力」にさせます。しかし「無気力」とはモチベーションが存在しない状態ではなく、あったはずのモチベーションが「なかったこと」にされてしまっている状態です。

隠れた自分の感情に向き合い、素直になるためには、目の前の「制約」を少しだけ外してみて、抑圧された感情を刺激することが有効なのです。

他人視点チェック：周囲からのツッコミどころは？

他人視点チェックは、これまでのアプローチと少し毛色が異なります。自分の内面に自分で向き合うのではなく、他人の目線を借りて「ツッコミ」を入れてもらう方法です。

心を許せる誰かにお願いをして「あなたの目から見て、私の言動に〝矛盾している〟と感じるところはある？」と聞いてみるのです。もしくは、あなたが今悩んでいる「厄介な問題」について相談しながら、「話を聞いていて、〝矛盾している〟と思ったことがあったら教えてくれない？」と頼んでみるのです。

とはいえ、これだけでは答えづらいでしょうから、あなたが前向きに、自分の奥底にある「感情パラドックス」を発掘したくてたまらないと思っていることを丁寧に伝えて、どんな些細なことでもいいから「どっちやねん！」とツッコミを入れてほしい、とお願いするのです。

不思議なことに、人間は自分自身の感情の矛盾には鈍感なくせに、他人の言動の矛盾には敏感で、めざとく見つけるのが得意な生き物です。有名人がちょっとでも矛盾した言動をしようものなら、すぐさまＳＮＳで指摘の嵐になるのがその証拠です。

その特性を利用して、仕事や生活で一定の時間を共有している他人の視点から、次のような観点で、自分の矛盾を指摘してもらうのです。

- 言っていることと、やっていることが違う
- ちょっと前までこう言っていたのに、今はこう言っている
- こう言っているけれど、実はこう思っているように見える

気心が知れた友人や知人にこの「ツッコミ」をお願いするコミュニケーションは、自分の隠れた感情を発見する以上の副産物があります。それは、それまで以上にお互いの関係性が深まり、距離が縮まる点です。

親しい関係性であっても、日常ではなかなか「あなた、矛盾しているよ」という指摘はしないはずです。それをあえて「ツッコミを入れてくれ！」とお願いすることで、人としての「めんどくさいけれど愛らしい」矛盾した側面を認め合うことで、より親密になれるはずです。その意味で、あなたが「もっと仲良くなりたい」と考えている人に、ツッコミをお願いしてみるとよいでしょう。

ただし、いくら気心が知れた友人とはいえ、直接お願いするのは憚《はばか》られるという場合には、その友人になったつもりで、自分自身にセルフツッコミを入れてみるだけでも、よいシミュレーションになるでしょう。

同じお願いをした場合に、その友人であれば自分に対してどんなツッコミを入れるだろうか？　と仮想的に考えてみるだけでも、自分を他者視点から客観的にメタ認知するきっかけになるはずです。

6

第 6 章

パラドックスを編集して、問題の解決策を見つける

6.1 感情パラドックスを「編集」する

「編集」によって感情パラドックスをリフレーミングする

この第6章では、パラドックス思考のレベル❷「感情パラドックスを編集して、問題の解決策を見つける」の方法を解説します。

パラドックス思考の3つのレベル

レベル❶　感情パラドックスを受容して、悩みを緩和する

レベル❷　感情パラドックスを編集して、問題の解決策を見つける

レベル❸　感情パラドックスを利用して、創造性を最大限に高める

前章では、自分の心の奥底に隠れた感情を発見し、それが感情パラドックスであることを受容することで、悩みを緩和する方法を解説しました。しかし、現状を受け入れるだけでは、気持ちは楽になっても、明日からはまた同じ現実が待っています。

そこで本章では、さらに一歩踏み込み、問題の背後にある感情パラドックスを解きほぐすことで、「厄介な問題」を解決してしまう方法を導きます。

そのために必要なのが、感情パラドックスの「編集」という考え方です。

一般的に「編集」とは、複雑な情報を整理してまとめる作業を指しますが、パラドックス思考における「編集」とは、感情パラドックスを構成する「感情A」と「感情B」のそれぞれの意味を深く分析して、「感情A」と「感情B」の関係性を別の視点から捉え直すことを指しています。これまで「両立不可能なパラドックス」だと思い込んでいた2つの感情を、両立できる新たな関係性へと編み直してしまうのです。

パラドックス思考における編集

感情パラドックスを構成する「感情A」と「感情B」のそれぞれの意味を深く分析して、「感情A」と「感情B」の関係性を別の視点から捉え直すこと

本来「編集」とは、新聞、雑誌、漫画、書籍、広告、テレビ番組や映画など、さまざまなメディアにおけるコンテンツ作りにおいて使われる言葉です。

〝よい編集〟は、雑多な情報を読み手の視点でわかりやすく届けてくれるだけでなく、読み手に思いも寄らない「新しい視点」をもたらし、物事の理解の仕方を大きく変えてしまうことがあります。

たとえば、次の広告コピーはその好例です。

「ボクのおとうさんは、桃太郎というやつに殺されました。」

これは、日本新聞協会広告委員会が２０１３年度に実施した「新聞広告クリエーティブコンテスト」において最優秀賞を獲得した広告作品「めでたし、めでたし？」のキャッチコピーです。

誰もが知っている『桃太郎』の物語を、鬼の子どもの目線から描いたコピーが読み手に衝撃を与え、話題となりました。

私たちが「めでたし、めでたし」として解釈していた物語が、実は別の視点から捉え直すと「そうではない」解釈の仕方がありえる。桃太郎が鬼を殺した、という客観的な事実そのものは変わらなくても、視点と意味づけを変えると、まるで別の現実が生み出された

かのように感じられます。

このように、物事の捉え方を変えて、現実の意味を再構築することを**「リフレーミング」**と呼びます。パラドックス思考のレベル❷は、感情パラドックスを「編集」することで、対峙していた「厄介な問題」の意味づけを再構築して、対処可能な問題にリフレーミングする方法です。

感情Aとは、いったいどんな感情だろうか？
感情Bとは、別の言い方をするとどんなものだろうか？
この2つの感情は、本当に「両立不可能」なパラドックスの関係にあるのだろうか？

そのように疑いをかけることで、新たな関係性を再解釈するのです。

「犠牲」ではなく「両立」のストーリーを探る

感情パラドックスを編集する上で、前提となる考え方は2つあります。

編集の前提となる考え方

1 「犠牲」ではなく「両立」のストーリーを探る
2 「点」ではなく「線」で乗り越える

感情パラドックスを編集する上で前提となる第一の考え方は、「犠牲」ではなく「両立」のストーリーを探る、ということです。

私たちは、感情パラドックスに向き合うときに、知らぬ間に「感情Aを達成するためには、感情Bを犠牲にするしかない」という暗黙の前提を置いています。

これを本章では「**犠牲のストーリー**」と呼びます。たとえば、感情パラドックスの基本パターン【変化⇅安定】の例であれば「変化したいなら、安定を捨てなければならない」「安定したいなら、変化を諦めなくてはならない」と考えることです。

犠牲のストーリーの前提となる問いは「AかBか？」です。よって、具体的な解決策は、「どちらを優先するか？（選ぶか、捨てるか）」に関する解決策が導出されます。つまり、この前提を置いてしまうと、そもそも「AとBの両方を肯定し、解決する方法」を導き出すことができなくなり、2つの感情は永久に満たされることはありません。

「厄介な問題」に解決の突破口を見出すためには、「犠牲のストーリー」から離れて、思い切って「**両立のストーリー**」に立とうとすることが必要です。両立のストーリーとは

図表34　前提1：「犠牲」ではなく「両立」のストーリーを探る

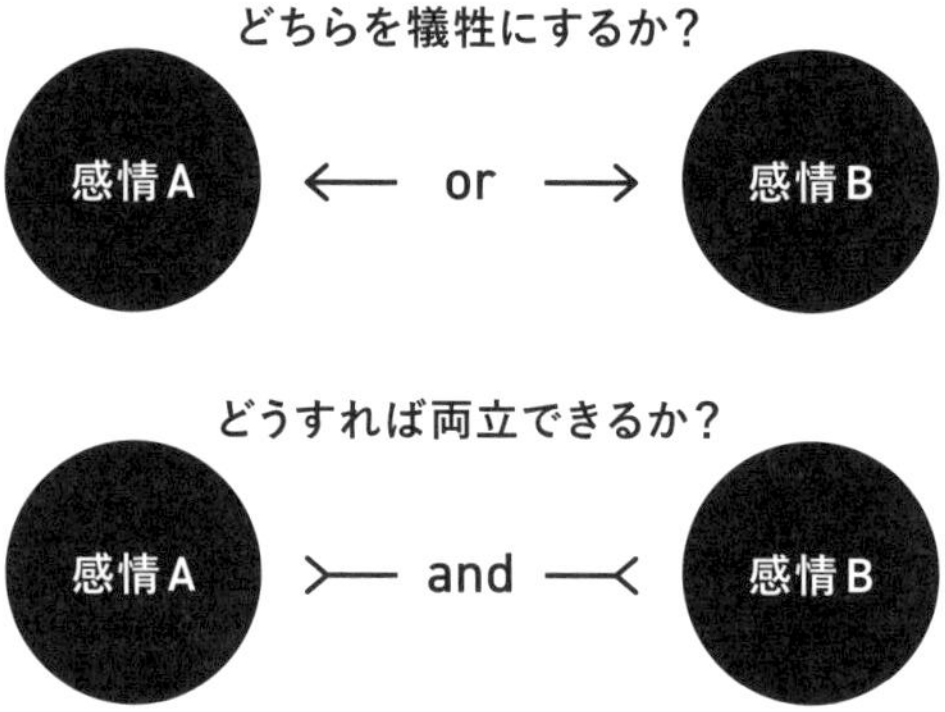

「AとBは考え方次第では両立するはずだ」と考えることです。

たとえば、感情パラドックスの基本パターン【変化⇄安定】であれば、「どうすれば変化と安定の欲求を同時に達成できるのか？」という問いについて思考をめぐらせます。「両立のストーリー」を採用すれば、最初から「2つの感情が両立可能となった未来」のビジョンを描くことに注力できるのです。

犠牲のストーリー

「Aを達成するためには、Bを犠牲にするしかない」

両立のストーリー

「AとBは考え方次第では両立するはずだ」

あの『桃太郎』にも「もうひとつの真実」が存在

していたように、私たちが感情パラドックスに対して抱いていた「犠牲のストーリー」は、あくまで私たちが考える「1つの解釈」であり、「絶対的な事実」とは限りません。

あくまで、目の前で起こっていることに対して、自ら「犠牲によって成り立つ」と、私たちが意味づけを行い、解釈をしているということです。「犠牲」を前提としたストーリーを描き、その犠牲をもとに前に進む「主人公」を演じているようなものです。

感情パラドックスを「編集」する上では、「犠牲のストーリー」を捨て去って、思い切って「両立のストーリー」を模索することが、必要不可欠なのです。

「点」ではなく「線」で乗り越える

感情パラドックスを編集する上で前提となる第二の考え方は、感情パラドックスを「点」ではなく「線」として捉えることです。

私たちが感情パラドックスを「犠牲のストーリー」で解釈してしまう最大の原因は、ある一時点において、AとBの感情の両立が不可能であると感じているからです。

これまでの長い人生経験を振り返れば「変化」と「安定」の繰り返しであったことは、

図表35　前提2：「点」ではなく「線」で乗り越える

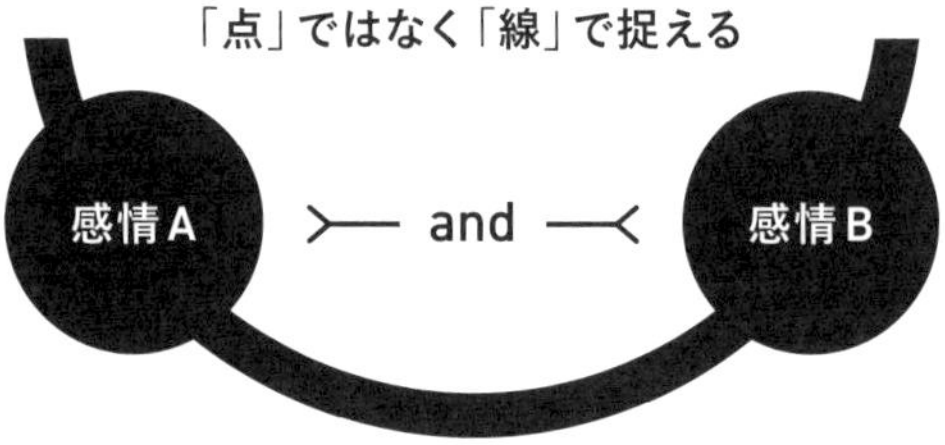

誰もが体感しています。けれども、それを「今、ここ」の「点」として切り取って考えるから、途端にそれは「両立不可能」なものに思えてしまうわけです。

感情パラドックスを編集するコツは、感情を「点」ではなく「線」として捉えることです。これが「犠牲のストーリー」を「両立のストーリー」に転換するポイントでもあります。

感情パラドックスを「点」から「線」に編み直すイメージを膨らませるために、あえて「ダイエットしたいけれど、思い切り焼肉を食べたい」という卑近な例を挙げて考えてみましょう。感情パラドックスの基本パターン【変化⇄安定】として、次のように整理します。

感情A（変化）：そろそろ食生活をあらためて、ダイエットしたい（現状を変えたい）

感情B（安定）：今まで通り、好きなだけ焼肉を食べたい

（現状を変えたくない）

これを「犠牲のストーリー」の前提に立ち、感情を「点」で捉えてしまうと、「ダイエットを取るか、焼肉を取るか」という二項対立的な発想が頭に浮かびます。しかし、それは目の前のある「点」での選択によって問題を解決しようとしているからです。

身も蓋《ふた》もないことを言うようですが、実際に「痩せるか、太るか」は、その「点」の選択肢のみで決まるものではなく、日々の生活習慣における「選択の連続」（つまり「線」）で実現するものです。

たとえば、「好きなだけ焼肉を食べた日の帰りは、必ず最寄駅の1つ前の駅で降りて、家まで歩いて帰る」などのルールを設定すれば、「好きなだけ焼肉を食べる」ことを「ダイエットのための生活習慣」に組み込むことができます。

もう少し「長い目」で見れば、さらに「線」として編み直す選択肢は広がります。たとえば、基本的には食事制限を継続するけれど、1カ月の中で1日だけ「好きなものを自由に食べてよい日」を設ける、というアプローチも考えられます。こうした方法は実際に、ダイエットの手法の中では「チートデイ」[*35]と呼ばれるそうです。

身近なダイエットの例で考えると「そんなの当たり前じゃないか」と思われるかもしれません。しかし深刻な問題に悩み込んでいて、感情パラドックスの渦中にいると、私たち

は無意識に問題を「点」で捉えがちです。けれども「点」ではなく「線」として捉えて再解釈すると、突破口が見えてくることがあります。

徹底して「点」で捉える考えを封印して、新しい「線」を作ろうとすること。これが、感情パラドックスを「編集」する上での基本的な考え方なのです。

＊35　ダイエットの停滞期に、自分の好きなものを自由に食べてよい日を設けること。食事制限によって飢餓状態になっていた身体の代謝が復活するほか、ストレス解消になるため長期間のダイエットに有効とされている

6.2 感情パラドックスを編集する手順

感情パラドックスを編集する4つの手順

以上の前提を踏まえて、感情パラドックスを編集するための手順を解説します。具体的には、次の4STEPに沿って進めます。

STEP1：犠牲のストーリーを特定する
STEP2：自らの感情を深掘りする
STEP3：感情A・Bの関係性について整理をする
STEP4：両立のストーリーを検討する

順を追って説明していきましょう。

STEP1：犠牲のストーリーを特定する

最初のステップは「犠牲のストーリーの特定」です。自分は「何を得るために、何を犠牲にしなくてはならない」と捉えているかを理解し、自分の持つ犠牲のストーリーを把握することが目的です。

ここからは第5章でも紹介した「大企業の課長職を務める40代男性のケース」で考えてみましょう。この事例のポイントを整理します。

- 40代男性は会社一筋15年、ようやく課長になった
- 順調に仕事を進めてきたが、中途入社の20代後半の部下とうまくいかず悩んでいる
- 部下は、会社だけがすべてではなく、仕事が残っていても定時になれば帰宅
- 会社の規則を破っているわけではないが、会社外の活動にも時間を費やしている
- 自分は部下の働き方を認められず、この部下に対して、つい厳しく言いすぎてしまう

この課長は、第5章のパラドックス思考レベル❶を活用することで、自分の中の感情パラドックスとして次の3つを持っていることに気がつきました。

【素直⇅天邪鬼】

部下のように会社に縛られない生き方をしたいが、チャラチャラした生き方はしたくない

【変化⇅安定】

新しい生き方に挑戦したいが、これまでのやり方を変えるのが怖い

【自分本位⇅他人本位】

自分のキャリアを肯定したいが、部下にも寛容になりたい

ＳＴＥＰ１では、これらの感情を踏まえ、自分がどのような犠牲のストーリーを採用しているかを特定します。**見つけるポイントは、自分が「得たいもの」の対価として、「何を捨てなくてはいけない」と考えているかを明確にすることです。**

今回のケースでは、「自分のキャリアや生き方を大切にしたい」が、それをするためには「部下を否定しなくてはならない」と考えていることがわかります。つまり、犠牲のストーリーは次のように定義できます。

自分のキャリアを大切にするためには、部下を否定しなくてはならない

こうすることで、自分が持つ犠牲のストーリーが特定できました。これによって、次の深掘りの作業に進むことができます。

STEP2：自らの感情を深掘りする

STEP1で、犠牲のストーリーを特定しましたが、この時点では「感情A・B」ともに漠然としていて「何をどのように両立したらよいのか」が曖昧です。そこで、STEP2では「両立のポイント」を探していきます。

最初の下準備として、先ほどの犠牲のストーリーの「感情A・B」を「肯定表現」に置き換えておきます。両立のストーリーでは、感情A・Bの両方が肯定されるストーリーを構築するので、そのための準備です。

感情A：自分のキャリアを大切にしたい

感情B：部下の働き方を認めたい

次に、感情A・Bの深掘りの作業に入ります。「両立のポイント」を明確にするために、それぞれの感情に対して3つの問いを考えます。

感情パラドックスを深掘りする3つの問い

問い① もう少し具体的に言うと？（具体化）
問い② なぜそれを達成したいのか？（理由）
問い③ どうなったら達成なのか？（ゴール設定）

問い① もう少し具体的に言うと？（具体化）

感情A・Bを具体化します。できるだけ具体的な行動や場面で説明してみると、その感情のもとで「何をしたいのか？」が明確になります。

感情A：自分のキャリアを大切にしたいとは、具体的に何をすること？
● 忙しさに忙殺されず、自分自身も今後のキャリアを考える時間を取りたい、など
感情B：部下の働きを認めたいとは、具体的に何をすること？
● 認めるためにも、部下と定期的に1on1をする時間を取りたい、など

問い② なぜそれを達成したいのか？（理由）

自分が感情A・Bを大切にしたい動機や理由は何でしょうか。これらが明確になることで、自分の欲求の源泉を理解することができます。

感情A：自分のキャリアを大切にしたい理由はなぜ？

●自分の憧れの上司は、ずっと挑戦する背中を周りに見せていて、それが自分の励みになったから

感情B：部下の働き方を認めたい理由はなぜ？

●自分の憧れの上司が、自分のような部下でも寛容に接してくれて、そのおかげで自分も課長になることができたから

問い③ どうなったら達成なのか？（ゴール設定）

感情A・Bがどのような状態になったら、自分が満たされるのかを考えます。ここでは「具体的なゴール設定」と「理想のゴール状態」の2つについて考えておきましょう。

感情A：自分のキャリアを大切にできているゴール状態とは？
●具体的には、自分自身のキャリアを考える時間が取れている状態
●理想的には、自己犠牲ではなく、自分が挑戦し続けられている状態

感情B：部下の働き方を認められているゴール状態とは？
●具体的には、定期的に1on1をして部下を理解するための時間が取れている状態
●理想的には、部下に寛容で、会社内での働き方を公平に評価できている状態

3つの問いの答えを次にまとめました。最初の漠然とした状態から、かなり解像度が上がったのではないでしょうか。これによって、感情A・Bの両立を検討することができます。

【まとめ】
感情A：自分のキャリアを大切にしたい
●具体的には、自分のキャリアを考える時間が欲しい
●理由は、理想の上司のように、挑戦していたいから
●ゴールとしては、自分が挑戦し続けられている状態を目指している

感情B：部下の働き方を認めたい
●具体的には、定期的に1 on 1をして部下を理解する時間が欲しい
●理由は、理想の上司のように、寛容になりたいから
●ゴールとしては、部下に寛容で、公平な評価ができている状態を目指している

STEP3：感情A・Bの関係性について整理をする

ここまでの作業によって感情A・Bがそれぞれ何をしているのかが明確化されました。STEP3では、一度感情A・Bの関係性を整理します。具体的には、感情A・Bの深掘りをした上で、今一度「本当に犠牲のストーリーしか考えられないのか?」について考えます。

ここで重要なのは、**「犠牲のストーリー」で用いている「言葉」を「他の表現」に置き換えられないか**を考えることです。「言葉の表現を変えること」は、リフレーミングの鍵を握る作業です。たとえば、「変化のない職場」を、「退屈」と表現するか「安定」と表現

するか、言葉によって意味合いは大きく異なります。
感情Ａ・Ｂの深掘りをすることで、それぞれをより明確に表現する言葉のヒントが得られたので、それをもとに「他の表現」に変えられないかを検討します。今回の事例では、ＳＴＥＰ２の中で繰り返し出てきた「挑戦」と「寛容」に置き換えました。

犠牲のストーリー

――自分のキャリアを大切にするためには、部下を否定しなくてはならない

（肯定表現：自分のキャリアを大切にしたい、部下の働き方を認めたい）

感情Ａ：「大切」→「挑戦」
感情Ｂ：「認める」→「寛容」

新しい表現にした上で、一度犠牲のストーリーで表現してみましょう。

「自分が仕事で挑戦したいけれど、部下に寛容になれない」

こうすると、必ずしも犠牲のストーリーが「**成立しない**」ことが理解できます。挑戦と

寛容がぶつかる部分はあるかもしれませんが、「いずれかを選ばなくてはいけない問題」ではないと捉えられます。深掘りをする前には「大切・認める」という視点で考えていたので、「どちらか一方しか、大切にできない（認められない）」と考えていました。これは典型的な「点」のストーリーです。

しかし、「挑戦・寛容」であれば「点」とは限りません。つまり「両立の可能性が開けた」ということです。このように、一度感情A・Bの深掘りをした上で、それぞれの感情をよりよく表す言葉に表現し直してみると、「犠牲のストーリー」から「両立のストーリー」への橋渡しをすることができます。

STEP4：両立のストーリーを検討する

ここまでの作業で、感情パラドックスを次のように整理することができました。

【ストーリーの変化】
自分のキャリアを大切にするためには、部下を否定しなくてはならない
↓仕事で挑戦したい、部下に寛容になりたい

【STEP1〜3のまとめ】

感情A：自分のキャリアを大切にしたい（仕事で挑戦したい）
●具体的には、自分のキャリアを考える時間が欲しい
●理由は、理想の上司のように、挑戦していたいから
●ゴールとしては、自分が挑戦し続けられている状態を目指している

感情B：部下の働き方を認めたい（部下に寛容になりたい）
●具体的には、定期的に1 on 1をして部下を理解する時間が欲しい
●理由は、理想の上司のように、寛容になりたいから
●ゴールとしては、部下に寛容で、公平な評価ができている状態を目指している

最初は、漠然としていて、両立不可能だと思っていた感情パラドックスも、ここまでのSTEPによって両立の糸口が見えてきました。ここからはいよいよ「両立のストーリー」に編集します。両立のストーリーを考える具体的な戦略は「切替戦略」「因果戦略」「包含戦略」の3つです。

1　切替戦略

感情Aと感情Bのそれぞれに対する2つのアクションを、交互に切り替えながら実行す

図表36 「両立のストーリー」を探る3つの戦略

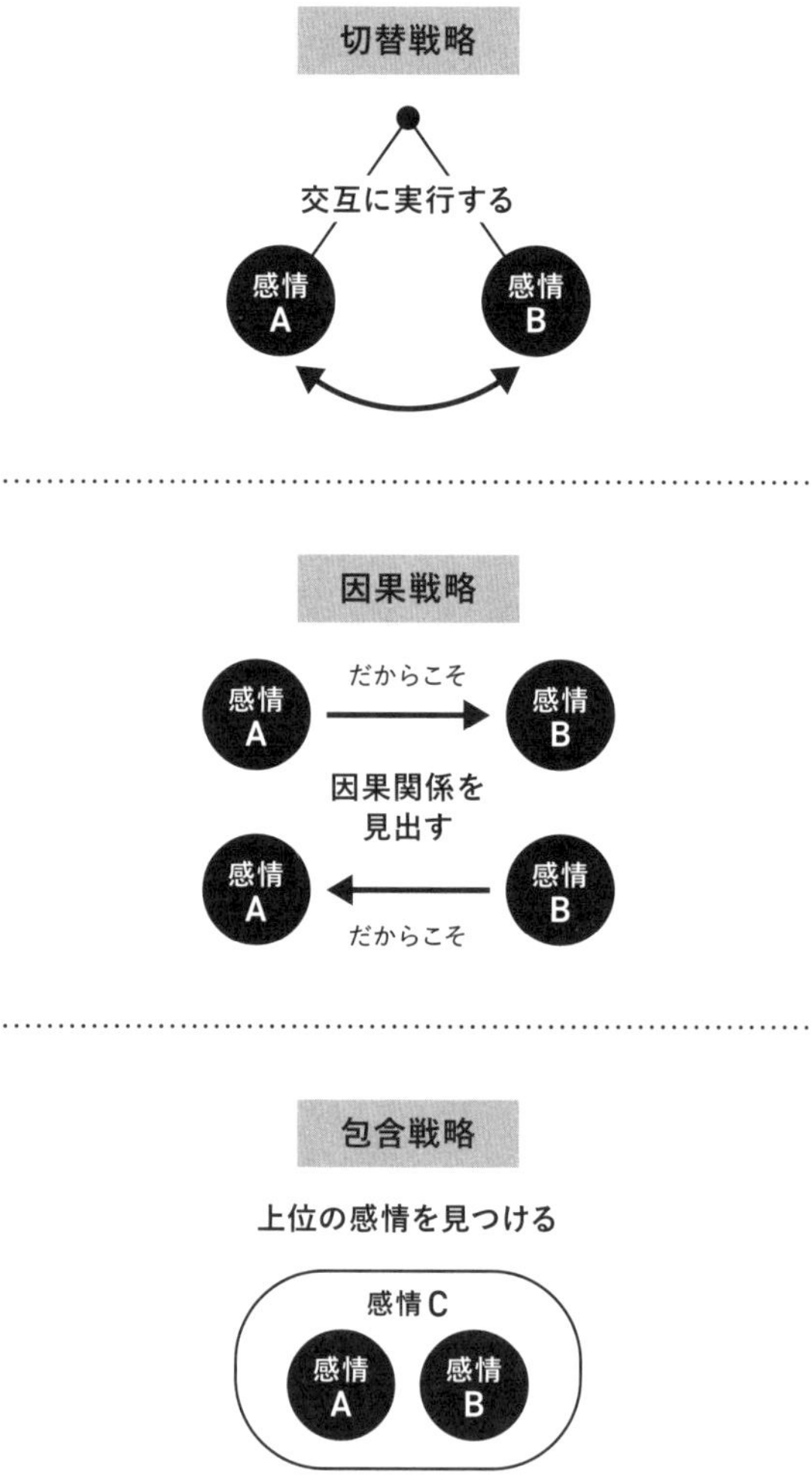

る戦略です。短期間にすばやく切り替えることで〝ほぼ同時〟に実行するか、もしくは一定のペースでゆったり振り子のように切り替える運動を通して、結果として2つの感情の両立を実現します。

切替戦略は、両立を阻む「両方やる時間がない」という不安を解消し、2つの感情に関する具体的なアクションを実現します。

2 因果戦略

感情Aと感情Bのあいだに何らかの「因果関係」を見出して、「A or B」ではなく「AだからこそB」もしくは「BだからこそA」と解釈する戦略です。2つの感情のあいだに「目的と手段」の関係性を想定することで、両立のストーリーを策定します。

因果戦略は、両方のアクションをすると「力が分散してしまうのではないか」という不安を解消し、感情AとBの相乗効果を生み出します。

3 包含戦略

感情Aと感情Bの両方を肯定する「感情C」という感情を発見する戦略です。一見すると矛盾する2つの感情を包み込むような上位の感情を発見することで、シンプルな両立のストーリーを探ります。

包含戦略は、「そもそも両立は困難なので片方を諦めたほうがいいのではないか」という不安に対して、両立を願う「欲求の源泉」を探すことで葛藤を継続し、創造的な解決策を生み出します。

6.3 切替戦略：振り子のようにアクションする

シンプルな「切替戦略」で着実に両立する

1つ目の「切替戦略」は、感情Aと感情Bのそれぞれに対する2つのアクションを、振り子のように、交互に切り替えながら実行する戦略です。「両立する時間がない」という不安を解消し、「2つとも実行できる」状態にすることができます。

「切替戦略」は、3つのうちでもっとも初歩的な戦略です。しかし、シンプルゆえに、着実にアクションにつなげることができる長所があります。「A or B」の犠牲のストーリーから離れ、感情パラドックスを「点」ではなく「線」で考える訓練をする上でも、まず試してみたい方法です。

図表37　切替戦略のポイント

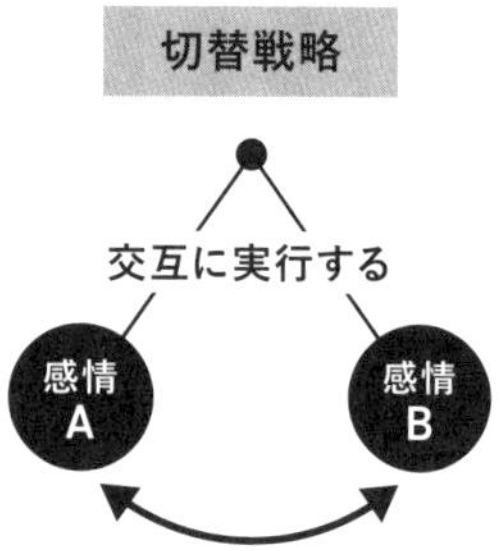

切替戦略は、感情AとBのそれぞれを切り分けて両立を図るため、「感情AとBの相乗効果」は期待できませんが、着実かつ具体的な解決策を考えやすいという大きなメリットがあります。

切替戦略を実行する手順

切替戦略の実行において重要なのは、両方を実行するためのリソースを確保して、切替を行うタイミングを決めることです。そのために次のような手順で、適切なリソースやタイミング、条件を検討していきましょう。

（1）現状のリソース（時間）を確認する
（2）追加のリソース（ヒト・モノ・カネ）を検討する

（3）切替を行う「時間軸」を検討する
（4）切替の「条件」を設定する

（1）現状のリソース（時間）を確認する

現状のリソース（時間）を確保するためには、まずは自分が普段「どのような時間の使い方をしているか」を確認します。具体的には、自分のスケジュール帳を使い、色分けをすることをおすすめします。自分の予定や時間の使い方について、大きく次の3つにカテゴリ分けをしてみましょう。

●感情Aに該当する時間（例：自分のための時間）
●感情Bに該当する時間（例：部下のための時間）
●その他に該当する時間

これまでは漠然と「自分が自由に使える時間が足りない」と、不安に感じていたかもしれません。この作業を行うことで、次の2点が明確になります。

①現時点で自分が感情AとBのそれぞれにどのようにリソースを配分しているか
②感情AとBに割り当てられるリソースがあるのか

もし、あなたが会社のマネージャーで【自分本位⇅他人本位】の感情パラドックスを抱えている場合、実際のところ「自分のための時間」と「部下のための時間」をどのように配分しているのかを理解することができます。「自分自身のキャリアを考える時間を取りたい」と思っていたにもかかわらず、現時点では圧倒的に多くの時間を「部下の成長や育成のため」に使っている事実に気がつくかもしれません。

切替戦略を実行するためには、一度具体的に、事実ベースで「現状のリソース」を把握することが大切です。

(2) 追加のリソース(ヒト・モノ・カネ)を検討する

現状の時間の使い方を把握し、切替戦略を実行するにはリソースが足りないとしたら、「追加のリソース(ヒト・モノ・カネ)」を投入できないかを検討します。

具体的には、次の3つの問いを考えます。

●人を追加することで、リソースが捻出できないか？
今あなたがやっている仕事で、別の人に任せられるものはないか？
●モノを使うことで、リソースが捻出できないか？
新たなシステムを取り入れることで、時間を短縮できないか？
●お金を使うことで、リソースが捻出できないか？
予算を活用することで、あなたの時間を確保できる方法はないか？

色分けしたスケジュール帳を見ながら、「本当に自分がやらなくてはいけないのか？」「自分の手や時間を空けることができないか？」について考えます。切替戦略を実行するためには、両方を実行するためのリソースが多いに越したことはありません。

さらに、スケジュール帳の「その他の時間」についても、「感情A・B」のための時間として捻出できないかを考えます。「感情Aの時間を、感情Bに配分する」のは心理的抵抗が強いかもしれませんが、「その他の時間」であれば比較的容易にリソースの再配分をすることができるでしょう。スケジュール帳を見ながら、「その他の時間」をそれぞれの感情に関する時間に使えないかを検討してみましょう。

以上に示してきた通り、「切替戦略」を取るためには、元手となる「リソース」が鍵となります。「両方やる時間がないから、片方を諦めるしかない」と決めつける前に、まず

は現状の時間の使い方を把握し、両方を実行できるリソースを十分に確保しましょう。

（3）切替を行う「時間軸」を検討する

切替戦略を行うためのリソースが確保できたら、次は切替を行うタイミングを考えます。最初に決めるのは「切替を行う時間軸」です。たとえば「1日の中で、感情Aと感情Bの切替を行い両立を狙う」のか、「1年単位」にするのかでは、具体的なアクションが変わります。

もし、あなたが「今日は、部下のために時間をたくさん使ってしまい、全然自分のことを考えられなかった」と思っていても、切替戦略を「1週間単位」で行おうとすれば「明日は、自分のための時間を多く取ろう」と考えることができます。

このように、切替戦略は「短い時間軸で〝ほぼ同時に〟実行する」ことに加え、「少し長い時間軸で〝交互に〟実行する」ことができます。切替を行う時間軸を探す際には、まずは「日」「週」「月」「年」の4つの時間軸、すべてのパターンを考えてみることをおすすめします。

日：朝一の時間帯だけは必ず「自分のため」の時間にしよう
週：月曜日は「部下のため」、木曜日は「自分のため」の時間を多めに取ろう
月：週の前半は「部下の育成」を中心にして、後半は「自分の時間」にしよう
年：この月は「部下の育成」を優先して、この月は「自分のため」の時間を多く取ろう

すべてのパターンを考えておくことで、無理がない具体的な切替戦略のアクションを立てることができます。切替の時間軸は、1つに絞る必要はなく、「年単位ではこれ、日単位ではこれ」といった具合に、同時に設定することもできます。自分の感情パラドックスに合った時間軸を設定しておきましょう。

(4) 切替の「条件」を設定する

切替のための「時間軸」を設定することができたら、それに合わせて「切替の条件」を設定します。切替の条件とは、たとえば「これが達成されたら、こちらに切り替える」「これを下回ったら、こちらに切り替える」などの〝ルール〟を指しています。

課長の例でいえば「1週間のうちに、自分のキャリアに関する時間が3時間を切ってし

まったら、次の週は自分のための時間を優先する」といった方法が考えられます。

わかりやすいように、コロナ対策の例で考えてみましょう。たとえば、コロナ対策は「感染者数」や「病床使用率」などの指標をもとに、対応についてのレベル分けがなされています。「感染者数がある一定の数になったら、レベル2にする」「減ったらレベル1にする」などの具合です。このように、コロナ対策は「切替の条件」を設定することで、コロナ禍の中で「経済」と「健康」の両立を図ろうとしています。このように、切替戦略を行うためには、切替の条件を設定しておくことが鍵になります。

条件を設定するときのコツは「**危険水域**」を考えておくことです。「危険水域」とは、感情AとBのバランスが大きく崩れ、片方の感情が危機にさらされている状態です。こうならないために、たとえば「1カ月の中で、自分のキャリアについて考える時間が、この時間以下になってしまった場合には、切替を検討する」といった条件を設けることが有効です。

条件を設定する際には、「自分」「他者」「環境」など、さまざまな主語を想定することができます。「部下がこういう状態になった場合は」「職場の成果がこうだった場合には」など、「主語」と「状態」の組み合わせはさまざまです。これらを細かく設定しようと思

うとなかなか難しいですが、自分の中で「どういう状態が黄色信号か」を明確化しておきましょう。

このように「切替の条件」(特に危険水域)を設定しておくと、感情AとBのバランスが取れなくなったときに、非常アラート的に切替のスイッチが入るようになります。こうしておくことによって、常に感情AとB、それぞれを振り子のように実行できるのが切替戦略の特徴です。

切替戦略で「何をしていても憂鬱」から解放される

以上、切替戦略について説明してきました。「切替戦略」は、感情パラドックスを「点」ではなく「線」で捉える最初の一歩として非常に重要な戦略です。切替戦略を行うと、日々の活動に一喜一憂することなく、気持ちよく日々を過ごせる可能性が高まります。

自分の中で「この時間は感情A」といった具合に、リソースの使い方を明確にしているおかげで、「ああ、本当は感情Bのことをしたいのに Aをしている」といったことにいちいち悩まなくてすむという効果があります。つまり、切替戦略をしておかなければ、

●感情Aに関することをしているときには、「感情Bができない」
●感情Bに関することをしているときには、「感情Aができない」

と悩み続けることになります。たとえば、先ほどの40代課長の例の場合、

●また職場や部下のことを優先してしまい、自分の時間を犠牲にしている
●自分の時間が取れているが、職場や部下のことを後回しにして自分勝手にしているような後ろめたさがある

といった具合に、知らぬ間に「何をしていても憂鬱」という状況にはまってしまいます。

ですから「**今、何にリソースを使っているのか**」**を明確にして、実行するアクションに集中する**ことで、その際のパフォーマンスを最大限に発揮できるのが、切替戦略の大きなメリットです。

6.4

因果戦略：意外な〝AだからこそB〟を探る

〝一石二鳥〟を目指す「因果戦略」

次に説明するのは「因果戦略」です。因果戦略では、AとBのあいだに「AだからこそBである」「BだからこそAである」といった意外な因果関係を見出せないかを考えます。「切替戦略」との大きな違いは、感情AとBの「相乗効果」を生み出そうとする点です。

具体的に、パターン【自分本位⇅他人本位】の例で、比較して考えてみましょう。

切替戦略と因果戦略の比較

―切替戦略：「自分のための時間」と「他者のための時間」を別々に取り、交互に切り替

図表38　因果戦略のポイント

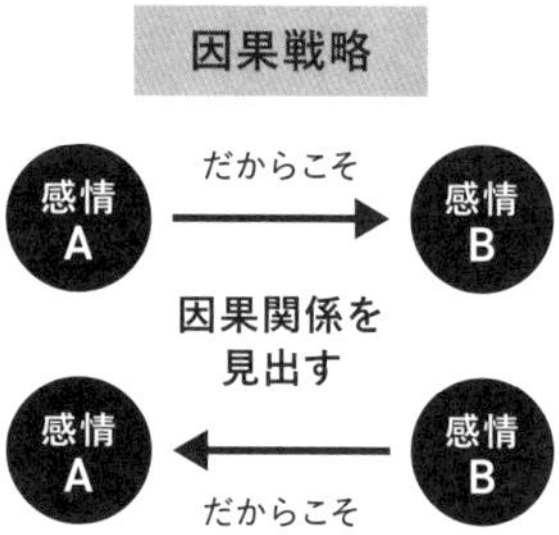

因果戦略：「自分のためにするからこそ、他者のためになる」「他者のためにするからこそ、自分のためになる」と考え、〝一石二鳥〟の解決策を実行する

切替戦略では、感情AとBを切り分けて実行していました。しかし、因果戦略では、2つの感情の関係性を「必然」と捉え、片方の感情に関する行動が、もう片方の感情にもポジティブな影響を与えるような解決策を考えることができます。

切替戦略のように、2つの違った行動を取ると「力が分散してしまうのではないか」と不安になるかもしれませんが、因果戦略では「必然のストーリー」に編集して、意外性のある〝一石二鳥〟の解決策を考えようとするのが大きな特徴です。

犠牲のストーリー：Aのためには、Bを犠牲にしなくてはならない
必然のストーリー：AだからこそBである

因果戦略では、感情AとBの関係性を「必然である」ように、ストーリーを編集することが求められるため、考える難易度が上がります。感情AとBの関係性に対して、「論理的な整合性」を作り出すのはもちろんのこと、一見つながりそうにない2つの感情を、時に「遊び心」を持ってつなげる必要があります。因果戦略は、リフレーミングの難しさと面白さの両方の醍醐味を感じられる戦略だということができます。

因果戦略を実行する手順

因果戦略を実行する手順は、次の通りです。

（1）「AだからこそBである」「BだからこそAである」に当てはめる
（2）「必然のストーリー」を具体化する

ここで重要なのは、感情AとBのどちらが「目的」で、どちらが「手段」なのかを見極めることです。たとえば次の例を見てみましょう。

パターン【自分本位⇅他人本位】

「自分のためにするからこそ、他者のためになる」
「他者のためにするからこそ、自分のためになる」

これらは似ているようで、「最終的な目的」が「自分のため」か、「他者のため」かという点で大きく異なります。ここで「自分なりの正解」を選び、「必然のストーリー」を具体化することで、〃一石二鳥〃の解決策を見出すことを目指します。具体的に説明していきましょう。

(1)「AだからこそBである」「BだからこそAである」に当てはめる

最初のステップは、感情パラドックスを「AだからこそBである」「BだからこそAで

ある」に当てはめます。

今回はパターン【大局的⇅近視眼的】の場合として、「キャリアに悩む若手社員」の例で考えていきます。この若手社員は、広告プランナーなどの企画職に就きたいと考えて就職したものの、営業課に配属され、何となく2年が経過しました。すぐに異動する気配もないため、思い切って上司に企画職への異動を申し入れるか、あるいは企画系の会社に転職するか、悩み始めています。

その一方で、営業の仕事が少しずつ面白くなってきている自分もいます。これまで特段成績がよかったわけではないですが、3年目となる今年は営業にコミットして、よい成績を取りたいと欲も生まれてきている状況です。

パターン【大局的⇅近視眼的】の感情パラドックス

「企画職へ異動（もしくは転職）したいが、目の前の営業職で成果を出したい」

まず行うのは、自分の感情パラドックスを「AだからこそBである」「BだからこそAである」に当てはめる作業です。当てはめるときには、必ず両方の文章に当てはめます。

その上で、このストーリーに当てはまりそうな状況を1～2個考えてみます。

「営業を頑張るからこそ、企画職になれる」

●営業を通して得られることが、結果的に企画職になってからも活用できるかもしれない

●営業で評価されることで、希望の部署に配属されるかもしれない

「企画職になりたいと思うからこそ、営業の成果が出る」

●営業で出世しようと思っていないからこそ、気負いなく営業を頑張れるかもしれない

●企画をするときの発想を活かすことで、他の営業と違う成果が出るかもしれない

次にこれらを眺めて、感情AとBのどちらが「目的」で、どちらが「手段」なのかを見極めます。見極めの際には「**自分なりにしっくりする選択肢**」を選びます。この2つは客観的には両方成立しうる可能性があるため、あくまで「自分なりの正解」を選ぶ必要があります。

今回の事例では、この若手社員は「営業を頑張るからこそ、企画職になれる」を採用しました。たしかに、一般的には「目の前の営業での仕事を、将来の企画職に活かす」といった考え方のほうが理解しやすいともいえます。

一方、自分が選ばなかった選択肢にも、感情パラドックスを解くヒントが隠れている可能性があります。通常では「営業は元々やるつもりじゃなかったのだから、成果は出ない

だろう」と考えがちですが、ここでは「将来的には違う職種にチャレンジするのだから、ここでは思い切って挑戦しようと思い、結果として成果が出てしまう」という可能性が示されています。これは十分に可能性のあるストーリーで、検討の余地があります。

このように、選ばなかった選択肢にも、意外な視点を見出すことができるのが因果戦略の特徴です。

(2)「必然のストーリー」を具体化する

自分の感情パラドックスの「目的」と「手段」が定まったら、次はそれが成立するための「必然のストーリー」に編集して具体化します。先ほど選んだ例で考えていきましょう。

「営業を頑張るからこそ、企画職になれる(よい企画を考えられるようになる)」

- 営業を通して得られることが、結果的に企画職になってからも活用できるかもしれない
- 営業で評価されることで、希望の部署に配属されるかもしれない

必然のストーリーを具体化するコツは、**「目的につながるように、手段をカスタマイズ**

すること」です。今回のケースでは「営業での働き方」（手段）をカスタマイズすることで、「企画職になりたい（よい企画を考えられるようになりたい）」（目的）につなげます。

ここでは「営業を通して得られることが、結果的に企画職になってからも活用できるかもしれない」について、より詳細なストーリーを考えてみましょう。

●営業活動中に、単にサービスを購入してもらうことを目的にするのではなく、顧客の潜在的なニーズを聞き出すように努力してみる。「自社（もしくはサービス）に期待されていること」や「既存のサービスでは満足できていない部分」を明らかにして、それをメモしてストックする習慣をつける

●このストックをもとに、思いついた企画も合わせてメモしておく。これによって、営業において顧客のニーズを捉えた説明ができるようになるだけでなく、将来的に、顧客に届く新たな企画を提案・実現できるようになる

ここで切替戦略と比較すると、因果戦略の特徴がよく理解できるでしょう。切替戦略では、感情AとBの関係性を考えなかったので、次のような具体策になります。

●平日は営業の仕事に集中する（企画職との関わりは特に考えていない）

●土日は企画職の勉強をする（営業職との関わりは特に考えていない）

この方法でも、もちろん感情AとBの両方を満たすことはできますが、それぞれの行動に意味的なつながりはありません。しかし、因果戦略で考えた具体策であれば「営業のやり方を変えることで、結果として企画職につながる」といった具合に、両者にプラスになる肯定的な意味づけがなされます。これはまさに〝一石二鳥〟の解決策です。

今回の例では「営業の聞き出し方とメモの仕方」という具体策で、「必然のストーリー」を編み直しましたが、「営業を頑張るからこそ、企画職になれる（よい企画が考えられるようになる）」というストーリーをつなぐ方法は無数に存在します。「目的につながるように、どう手段をカスタマイズするか？」を試行錯誤することが、因果戦略の醍醐味です。

パラドックスの基本パターンと「因果戦略」

ここまで因果戦略の手順について説明してきました。次に、因果戦略を活用するコツを、パラドックスの基本パターンと絡めて説明します。

因果戦略では「AだからこそBである」「BだからこそAである」と当てはめた後に、「目的」と「手段」の見極めが必要です。この見極めを行う際に、パラドックスの基本パターンが役に立ちます。

たとえば、パターン【大局的↑↓近視眼的】の場合は、「大局的」が目的で、「近視眼的」が手段になるケースがほとんどです。具体的には次のように考えます。

例「長期的にやりたいことにつながるように、短期的なやり方をカスタマイズする」
例「全体としての理想の状態になるように、部分的なやり方をカスタマイズする」

このように、パターンによって、ある程度、因果戦略に当てはめる型を見出すことができます。パターン【素直↑↓天邪鬼】についても、「素直」を求める感情のほうが「目的」になりやすい傾向があります。もちろん、因果戦略の当てはめのプロセスにおいては、両方の可能性を一度検討することは重要ですが、最終的な方向性を定めやすいのが特徴です。

一方、その他のパターンについては、両方の可能性があります。むしろ「両方を検討するプロセスそのもの」が、自分自身の考えを揺さぶり、自分の目的を深く考えるきっかけ

になります。たとえば、パターン【変化⇅安定】として「起業して独立しようか、このまま会社に残ろうか」を迷っている人がいます。その場合に、次の2つが考えられます。

●起業しようと思うからこそ、会社の中で頑張ることができる
●会社で頑張るからこそ、起業して独立できる

あらためて、この2つを眺めてみると「あれ、本当はどっちが目的だったんだっけ？」と混乱するかもしれません。しかし、そのプロセスこそが、「自分が本当に望んでいるのは何なのか？」を熟考する契機になります。

これは、40代課長の感情パラドックス【自分本位⇅他人本位】でも同様です。

●自分の仕事に挑戦するからこそ、部下に寛容になれる
●部下に寛容になるからこそ、自分が挑戦できる

両方の可能性を考えることで、自分の目的が明確になります。このように、因果戦略を考える上では、パラドックスの基本パターンが参考になるので、ぜひ活用してみてください。

遊び心で「必然のストーリー」を作る

因果戦略は、感情AとBを、あたかも元々必然であったかのように編集することによって、意外な解決策を見つけようとする方法です。【大局的↑↓近視眼的】のように、比較的シンプルかつロジカルに「目的と方法」が決まるものもありますが、なかなか当てはめるのが難しい場合もあるかもしれません。

そんなときに必要なのが「遊び心」です。遊び心とは、「えっ、そんなつながりあり？」という物語を、楽しみながら考えてみることです。これが必然のストーリーを考える上で極めつけのコツです。

これを考える上で、ゲーム『ファイナルファンタジーXIV』（以下、FF14）の開発・立て直しのエピソード[*36]が大きく参考になるので紹介します。

『FF14』は、スクウェア・エニックスの人気ゲームシリーズであり、発売前から非常に大きな期待がされていました。しかし、正式リリースをした後に、ユーザーから酷評されます。その理由は、さまざまなバグや、ストーリー上の問題があったからです。このよう

＊36　テレビ朝日系列のバラエティ番組『しくじり先生　俺みたいになるな!!』#122：FF14吉田Pが徹底解説!!　ファイナルファンタジー14のしくじり授業【スクウェア・エニックス全面協力】の内容をもとにしています

な苦境の中で、プロデューサーである吉田直樹氏は次の2つを迫られました。

- 既存のゲームを修正して継続するか
- 同じタイトルをゼロから作り直してリリースするか

吉田氏はこの問題に対して、まず「切替戦略」を用いて対処します。具体的には、次の2つの班を作ることで、両立を目指しました。

- 既存のゲームを修正し続ける「根性班」（既存のＦＦ14を修正）
- ゼロからソフトを作り直す「再生班」（新生ＦＦ14制作）

これらを両方進めながらも、「既存のＦＦ14」のサービスを数年で終了し、「新生ＦＦ14」に差し替えることが決まりました。しかし、ただゲームを差し替えるだけでは、失敗したゲームが終わり、同じタイトルのゲームが始まるだけだと思われてしまいます。

そこでこのチームは「既存のＦＦ14（旧世界）が終わり、新生ＦＦ14（新世界）が始まる必然性は何か？」を考え始めました。この必然性をゲームの中のストーリーとして盛り込もうと考えたのです。これはまさに「因果戦略」的な発想です。

もちろん、この差し替えは元々計画されていたものではないので、必然のストーリーを考えるのは簡単なことではありません。しかし、このチームは「発想を変え、困難自体を楽しもう」というスローガンのもと、必然のストーリーを考え続けました。

そして生まれた結果が「既存のＦＦ14の世界に隕石を落として世界を滅ぼしてしまい、新世界に移行する」というストーリーでした。まさに「えっ、そんなのあり？」と思う展開です。しかし、このストーリーを考えついたことで、既存のＦＦ14が終わること、そして、新生ＦＦ14が始まることの必然性が生まれました。まさに意外性のある〝一石二鳥〟の解決策です。

さらに、このストーリーを考えたことで、既存のＦＦ14では「隕石が徐々に世界に近づいてくる」という新たな演出が加わったり、新生ＦＦ14では「滅びたはずの世界が、なぜ続いているのか？」という謎解きの要素が加わるなど、双方に相乗効果が生まれました。

このように一見つながるとは思えない出来事であっても「遊び心」を持つことで、必然のストーリーを構築することができます。

遊び心のある必然のストーリーは、そこから派生して、思いも寄らないアイデアを生み出すことにつながります。このエピソードを参考に、ぜひみなさんも遊び心を持って、必然のストーリーを考えてみてください。

6.5 包含戦略：新たな〝感情C〟を見出す

〝ウルトラC〟の解決策を見つける「包含戦略」

最後に紹介するのは「包含戦略」です。この戦略は、AとBの両方を肯定して、包み込む「C」という欲求を上位に置く方法です。感情Cを想定することで「両立を諦めてしまう危機」を回避し、葛藤を乗り越えることで、創造的な解決策を考えようとする戦略です。

これまでの戦略は、あくまで感情AとBという2つを想定して、それぞれに関する具体策を検討していました。しかし、それらを統合して3つ目の感情である「感情C」を創出することができれば、感情A・Bからは生まれない、新たな発想を生み出すことができます。

図表39　包含戦略のポイント

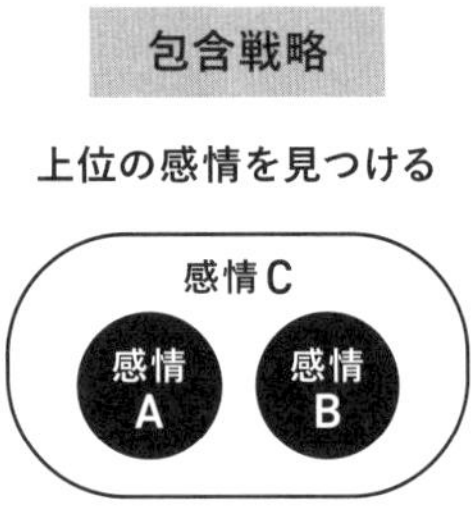

さらに、感情Cは、感情AとBに対しても相乗効果が期待できます。感情Cは、感情A・Bを達成したい「欲張りの源泉」であるため、実行のモチベーションを高めるだけでなく、具体的な実行策へのインスピレーションを与えます。

包含戦略は「応用編」として、「組織レベルの問題」も取り扱うことができます。「私」や「あなた」といった関係を超え、それらを包含する「組織」として「私たちはどうありたいか？」を問うことができるのです。

このように包含戦略は、他の戦略にない大きな強みがあるのですが、考える難易度が高いのも特徴です。その理由は何といっても、感情AとBをメタに捉え、それらを包含するCを考える作業そのものが難しいからです。

AとBをよりメタな概念から捉えようとするには、物事を抽象化して捉える力が必要です。さらに、AとBをCで包含するには、発想を飛躍させる力に加え、感情AとBの

背景にある自分の価値観に自覚的である必要があります。

包含戦略を使いこなすためには、高度な能力や熟練が必要になります。しかし、これを使いこなすことができれば、自身の感情パラドックスを解消させるだけでなく、新たな解決策を見出したり、組織レベルの問題を解決したりできる魅力的な方法です。ぜひ本書の方法をもとに、実行できるようトライしてください。

包含戦略を実行する手順

次に、包含戦略の手順について説明しましょう。まずは、個人レベルの感情パラドックスを取り扱う手順です。

(1) 両立を願う「欲張りの源泉」を考える

(2) 〝ウルトラC〟の解決策を生み出す

包含戦略を考えるためには、感情AとBを包含する「そもそも」の感情に気がつく必要があります。たとえば「自分が挑戦し続け、部下にも寛容でいたいのは、そもそもなぜ?」

を問い直すことです。言い換えれば「AとBを両立したいと考える、欲張りの源泉は何か？」を考えることが求められます。

感情Cは、これまでは思いつかなかった〝ウルトラC〟の解決策を生み出す源泉となります。感情A・Bの解決策にインスピレーションを与え、解決のモチベーションを高めます。それだけでなく、感情Cを満たすための方法を考えることで、感情A・Bの枠組みから外れた解決策を考えることができます。

(1) 両立を願う「欲張りの源泉」を考える

包含戦略を実現する最初のステップは「AとBを両立したいと考える、欲張りの源泉は何か？」を考えることです。直接この問いに答えるのが難しい場合には、次の3つの問いを考えてみましょう。

問い① 「なりたい自分」の姿とは？
問い② 「真の目的」は何か？
問い③ 「理想」の状態は何か？

これらの問いは、先ほどまでの戦略とは異なり、答える難易度が非常に高いことがわかるでしょう。包含戦略では、感情AやBのレベルではなく、**その感情を生み出しているより根源的な問いや欲求を問い直す**ことが求められます。

この問いに答えるため、前節でも紹介したパターン【大局的⇅近視眼的】「現在は営業職だが、将来は企画職に就きたいと考えている若手社員」の事例で考えてみましょう。

感情A（大局的）：将来は企画職になりたいので部署異動か、転職をしたい
感情B（近視眼的）：営業職として成果を出したい

包含戦略では、「この2つの感情を包み込む、より上位な感情」を探ります。先ほどの3つの問いで具体的に考えてみましょう。

問い①　そもそも仕事人生を通して実現したい「なりたい自分」の姿とは？
問い②　働くことを通して達成したい「真の目的」とは何か？
問い③　「理想のキャリア」とはどのような状態か？

この問いを考えてみると、その若手社員は、「なりたい自分」の姿として「自分の仕事

によって多くの人を笑顔にしたい」という考えが浮かんできました。その理由をさらに深掘りしてみると、原体験は幼少期にありました。

- 自分は子どもの頃、身体が弱く、なかなか外で遊ぶことができなかった。そのせいで、友達が少ないことに悩んでいた
- そのときに、あるオモチャを親に買ってもらった。そのオモチャを使って遊んでいるときは、悩みを忘れて楽しむことができた
- さらに、偶然同じオモチャを持っている人と出会い、それをきっかけによりよい友人関係を築くことができた
- この経験から、自分も人が笑顔になるきっかけを作り出せるような人になりたいと考えた

こうした原体験の振り返りを通じて、感情C「自分の考えたアイデアで、人と人をつなぎ、多くの人を笑顔にしたい」という気持ちがあることに気がつきました。

この感情Cが若手社員の「欲張りの源泉」です。「企画職か、営業職か」と自分の中で悩むのは、自分が仕事に関わる人には、せっかくならば笑顔になってほしいと願うから。そして、自分の仕事で誰かと誰かをつなげることができれば最高だと考えているからです。

この「欲張りの源泉」である「感情C」を中心に据えることで、これまでの戦略とは異なる解決策を生み出すことができます。

(2)"ウルトラC"の解決策を生み出す

感情Cとして「自分の考えたアイデアで、人と人をつなぎ、多くの人を笑顔にしたい」を設定できると、感情AとBに対する相乗効果が生まれます。

感情C「自分の考えたアイデアで、人と人をつなぎ、多くの人を笑顔にしたい」
↓感情A：将来は企画職になりたいので部署異動か、転職をしたい
↓感情B：営業職として成果を出したい

そもそもの「感情C」に立ち返ると、「営業職」や「企画職」といった「職種」だけの問題ではないことに気がつきます。

●企画職になっても「人と人をつなぎ、多くの人を笑顔にするようなもの」でなければ自

分の感情は**満たされない**

●営業職でも「自分の営業提案によって、人をつないだり、笑顔にすることができる」のであれば自分の感情は**満たされる**

このように、自分が本当に求めているものが何かが明確になります。これらが明確になると、感情A・Bに関する行動をカスタマイズすることができます。たとえば、現在の営業職を行う際に、次のような行動を心がけることができます。

●「営業の提案の工夫」も、一種の「アイデアづくり」だと捉えて行動する
●顧客の「本当の困りごと」を捉えて、笑顔になるような提案を心がける
●自分が「人をつなぐハブ」のような役割になって問題解決できないか考える

次に、将来の企画職について考えてみましょう。感情Cは、自分の企画職としての働き方の「軸」を明確化させてくれます。感情Cを生み出した自分の原体験を整理すると、次の2つがポイントでした。

●「自分は身体が弱く、外で遊べなかったこと」

↓自分の努力だけでは克服することが難しい問題

●「寂しかったのは外で遊べないことではなく、友達とつながれないこと」

↓孤独であることが辛かった

これらの経験を踏まえると、次のような軸を想定できます。この2つの軸は、企画だけでなく、営業の提案などにも活用することができます。

●自分一人の努力では克服が難しい問題を、解決できるアイデアか？

●孤独感を感じている人を、つながりで救えるアイデアか？

このように「感情C」が明確化されることで、感情A・Bに関連する行動について、新たな行動のインスピレーションが生まれ、それぞれの行動についてのモチベーションがいっそう高まることが期待されます。

さらに「感情C」を直接的に満たす方法を考えることで、「感情A・B」を考えるだけでは出てこなかったアイデアが生まれます。たとえば、次のような可能性を検討できます。

●「営業」「企画」以外の「職種」や「働き方」で、感情Cを満たすことはできないか？
●会社内の仕事だけに限らず、地域のボランティア、副業、兼業を視野に入れて、感情Cを満たすことはできないか？

これまでの「切替戦略」や「因果戦略」では、あくまで「営業職と企画職」という前提で、両立や必然のストーリーを構築してきました。しかし包含戦略では、この2つを乗り越えた発想でアイデアを考えることができます。このように「感情C」を見つけることで、これまでの戦略と異なる〝ウルトラC〟の解決策を考えることができるのです。

応用編：リーダーシップとしての「包含戦略」

次に、包含戦略の「応用編」として、組織レベルの問いの考え方について説明します。組織レベルの問いは、パターン【自分本位⇅他人本位】など、「私」と「あなた」の関係性に関する問題を解こうとするときに生まれます。たとえば、40代課長の例を考えてみると次のように表現できます。

感情A：自分のキャリアを大切にしたい（仕事で挑戦したい）
感情B：部下の働き方を認めたい（部下に寛容になりたい）
感情C：誰もが挑戦できて、さまざまな働き方に寛容な職場を作りたい

「私」と「あなた」をつなぐ「職場」を主語に「自分の感情C」を設定します。ここでは「誰でも挑戦できて、さまざまな働き方に寛容な職場」と定義しました。

このように包含戦略で組織レベルの問題を解こうとするのは、リーダーシップの問題[*37]と捉えることができます。「私たちがどのようにありたいのか？」を考えることは、「共通のビジョンを呼び起こす行動[*38]」であり、この行動は優れたリーダーシップ行動の1つに挙げられています。このように、包含戦略はリーダーシップにも応用できる考え方です。

組織レベルの問題を考える手順は、次の通りです。

（1）私たちの「欲張りの源泉」を考える
（2）組織の「内」と「外」に向かう感情Cを明確化する
（3）チームレベルの〝ウルトラC〟の解決策を生み出す

個人レベルとの違いは、主語を「私」から「私たち（職場など）」にすることです。組織レベルの問題では「欲張りの源泉」を個人だけでなく、チームで考えることが有効です。組織レベルの感情Cは「このような組織でありたい」という「組織の内」に向かう感情と、「このような価値を提供したい」という「組織の外」に向かう感情があります。この2つを明確化することで、〝ウルトラC〟の解決策を考えることができます。

（1）私たちの「欲張りの源泉」を考える

最初に考えるのは「私たちの欲張りの源泉は何か？」です。「私たち」は「職場」や「会社」などさまざまなレベルが想定できますが、最初は考えやすいように「小さな単位」で考えるのがよいでしょう。最初は、個人レベルと同様に、次の3つの問いを考えます。

＊37　リーダーシップとは「職場やチームの目標を達成するために他のメンバーに及ぼす影響力」。石川淳（2018）リーダーシップ研究の最前線：リーダーシップ教育の理論的検討。舘野泰一、高橋俊之編集『リーダーシップ教育のフロンティア【研究編】：高校生・大学生・社会人を成長させる「全員発揮のリーダーシップ」』北大路書房

＊38　ジェームズ・M・クーゼス、バリー・Z・ポズナー（2014）『リーダーシップ・チャレンジ』関美和訳、海と月社

問い①「なりたい職場」の姿とは？
問い②この職場で実現したい「真の目的」は何か？
問い③この職場にとって「理想」の状態は何か？

この問いに答えるときには、本章第2節のＳＴＥＰ２で行った「感情の深掘り」が役立ちます。たとえば、40代課長の例で考えると、感情Ａ・Ｂが達成している「ゴールの状態」として次の２つを挙げていました。

感情Ａ：自分のキャリアを大切にしたい（仕事で挑戦したい）
●ゴールとしては、自分が挑戦し続けられている状態を目指している

感情Ｂ：部下の働き方を認めたい（部下に寛容になりたい）
●ゴールとしては、部下に寛容で、公平な評価ができている状態を目指している

これらを踏まえると、感情Ｃとして以下を設定することができます。これが設定できれば、個人レベルと同様に、具体的な解決策を考えることができます。

感情C：誰もが挑戦できて、さまざまな働き方に寛容な職場を作りたい

このように、組織レベルの問題については「職場」を主語にして、個人レベルと同様に、「欲張りの源泉」を探すことで、感情Cを設定することができます。

一方、「応用編」の組織レベルの問題では、チームメンバーと一緒に「欲張りの源泉」を考えることも有効です。一緒に考えることで、同じ感情を共有できるからです。同じ感情を共有していれば、具体策を実行する意義を深く理解できているため、エンゲージメントも高くなるでしょう。

そもそも職場の中で感情パラドックスが発生するのは、メンバーの「組織に対する感情C」がバラバラだからという可能性があります。たとえば、「40代課長」と「部下」のコミュニケーションがうまくいかないのは「どのような職場でありたいか？」の感情が異なっているからだと考えられます。つまり「感情C」のズレが、感情パラドックスの発生装置となっているのです。

チームメンバーとともに「欲張りの源泉」を考えることは、お互いの「感情Cは何か？」を理解し、統合することにつながります。このプロセスをチームで行うことは、「感情C」に関する具体的な施策のエンゲージメントを高めるだけでなく、感情パラドックスの発生装置そのものを消滅させるような、大きな力を持っています。よって、ぜひ組織レベルの

問題を考えるときには、チームメンバーとともに考えることをおすすめします。

(2) 組織の「外」と「内」に向かう感情Cを明確化する

組織レベルの「感情C」は、組織の「外に向かう感情」と「内に向かう感情」の2つを想定することができます。「外に向かう感情」とは、職場の外側(たとえば、社会や顧客)に対して、どのような価値を提供したいかを表しています。「内に向かう感情」とは、職場のメンバーの理想や行動指針に関わる感情です。

先ほどの「40代課長」の感情Cを見てみましょう。これを見ると「内に向かう感情」を表現できていますが、「外に向かう感情」は表現できていません。

外(社会や顧客):未設定
内(部署の状態):誰もが挑戦できて、さまざまな働き方に寛容な職場を作りたい

この場合、「外に向かう感情」は、その組織が取り扱う内容・領域によって、提供する価値が異なるため、一概に設定できないかもしれません。それでも必ず具体的に設定して

おきましょう。

ここで表現している「外」と「内」の感情は、「ミッション・ビジョン・バリュー（MVV）」の考え方とも親和性が高いと考えられます。組織が社会に対してなすべきこと（ミッション）は「外に向かう感情」に近く、組織のあるべき姿（ビジョン）やメンバーの行動指針（バリュー）は「内に向かう感情」に近いと考えられます。

また、ここでの「内に向かう感情」は、ともすると「関係性の構築」が目的化してしまう可能性があります。よって「もし、このような職場が実現したとしたら、どのような価値を提供できるのか？」を合わせて検討しておくことが重要です。

このように「外に向かう感情」と「内に向かう感情」を整理しておくことは、職場内の環境をよりよいものにして、組織外へ新たな価値を生み出すことにつながります。これらが〝ウルトラC〟の解決策を考える大きなヒントとなります。

(3) チームレベルの〝ウルトラC〟の解決策を生み出す

組織の「外」と「内」に向かう感情Cを設定すれば、感情A・Bに相乗効果を生み出します。これは個人レベルと同様です。先ほど設定した「内に向かう感情」を見てみましょう。

感情C（内：職場）：誰もが挑戦できて、さまざまな働き方に寛容な職場を作りたい

「ありたい職場」を設定しておくことで、感情A（自分のため）、感情B（部下のため）に関する行動を「理想の職場の体現」と結びつけて考えることができます。「自分だけが仕事に挑戦するのではなく、ほかのメンバーも挑戦しやすい風土を作れるようにするにはどうしたらよいのか？」などを考えることができます。こうした発想は、他の戦略では思いつくことができません。

さらに「感情C」を直接満たす解決策として、「職場」を主語にした具体策を生み出すことができます。これまでの戦略では、あくまで「個人の行動レベル」の解決策でしたが、組織レベルの主語を想定すると、次のような方向性で解決策を考えることができます。このように「内に向かう感情」は、組織開発へとつながる具体的なアイデアを考えることができます。

- 職場の制度に関わる取り組みをする
- 職場に新たなルールを取り入れる
- 職場のメンバーとのコミュニケーションのやり方を変える

一方、「外に向かう感情」は、新たなビジネスアイデアの創出などに役立つと考えられます。ここでも、因果戦略で紹介したスクウェア・エニックスの人気ゲームシリーズ『FF14』の例をもとに説明します。先ほど「因果戦略」について紹介した部分では、次のような問題解決を行いました。

問題：既存のFF14（旧世界）が終わり、新生FF14（新世界）が始まる必然性は何か？
解決法：既存のFF14の世界に隕石を落として世界を滅ぼしてしまい、新世界に移行する

つまり、「隕石を落とす」という設定によって「必然のストーリー」を構築したということです。しかし、この話には、包含戦略に関わる話の続きがあります。

プロデューサーの吉田氏は、この解決のプロセスについて語るときに「FFらしさ」という言葉を繰り返し述べていました。単に「物語の整合性」をつけるのではなく「FFらしく解決したい」という感情が、両立を願う「欲張りの源泉」だったと考えられます。

実際、吉田氏は、両立を考える際に「FFらしさ」を軸に、新たな解決策を考えていました。このゲームの内容を知らない人にとっては、先ほどの「隕石が落ちてくる」という設定は、一見唐突に思えるかもしれません。しかし、「FFシリーズ」では「隕石が落ちてくる魔法」は「メテオ」と言い、「FFらしさ」を象徴する魔法です。つまり、「世界が

滅びればどんな設定でもよい」わけではなかったということです。

さらに「隕石が落ちる」としていた演出は、実際に隕石が落ちてくると「実は隕石ではなく、最強の魔獣が封印された卵だった」というサプライズの演出がありました。この最強の魔獣は、「ＦＦらしさ」の象徴である「バハムート」という魔獣でした。

このように両立のストーリーを構築する前提として「ＦＦらしくありたい」という上位の感情があったことが、創造的な問題解決につながったと考えられます。

包含戦略は組織開発だけでなく、事業アイデアの開発にも活かせる発想なのです。

「真善美」を問い続ける

さて、ここまで包含戦略について説明してきました。包含戦略を行うためには、両立を願う「欲張りの源泉」を考えることが非常に重要です。しかし、こうした「そもそも」の価値観は、すぐに明確になるものではありません。日常生活の中で、日々時間をかけながら、自分の中での価値観を徐々に明確にしていく必要があります。

こうしたプロセスを行う上では、自らの「真善美」を日々意識して問い直すことが有効です。「真善美」とは聞き慣れない言葉かもしれませんが、文字通り「正しさ」「よさ」

「美しさ」を表すもので、人間の持つ普遍的な価値基準を表現するものです。
真善美を問い直すとは、具体的に次の3つを深めることです。

真：自分にとって何が「正しい」のか？
善：自分にとって何が「よい」のか？
美：自分にとって何が「美しい」のか？

これらの3つの問いは、一朝一夕で答えられるものではありません。日々の生活の中で、あらゆるものに触れることを通して、徐々に自覚できるようになるものです。これが自分自身の価値観となり、「感情C」を生み出すための土台となります。すなわち、包含戦略を実行できるようになるためには、自身の成熟が求められるのです。

さらに、組織レベルの感情Cを考えることは、リーダーシップに直結する問題です。個々人の「真善美」を明確にするだけでなく、「私たちにとっての真善美」という共通認識を構築していく必要があります。

これはまさに組織の中で「ミッション・ビジョン・バリュー」を構築していく作業とも重なるものです。個々人の「真善美」を明確にするだけでも時間がかかるので、それを組織レベルの認識としていくためには当然時間がかかるでしょう。そして、共通認識を構築

するためには、一方的に価値観を伝えるだけでは不十分であり、組織の中での対話を積み重ねていく必要があります。

このように考えると、包含戦略は、これまでの戦略とは異なり、実行と実現にも時間がかかるものだといえます。

しかし、それだけの労力をかけても実行する価値のある戦略でもあることはたしかです。包含戦略は、個人が感情パラドックスに対処するだけではなく、真の要因である「感情パラドックスの発生装置」そのものを消失させる力があります。

包含戦略は、新たな解決策を生み出すという点で創造的な営みであり、組織を巻き込むという点でリーダーシップの問題でもあります。よって包含戦略は、「創造性とリーダーシップの交差点」とも言い換えることができるのです。

7

第7章

パラドックスを利用して、創造性を最大限に高める

7.1 創造の手段としてのパラドックス思考

感情パラドックスは、人と集団の創造性の源泉になる

前章まで解説してきた通り、パラドックス思考は「厄介な問題」の原因となる「感情パラドックス」をまずは受け入れ、意味づけを編集することで解きほぐす「問題解決」の方法論です。それゆえに、医薬品と同じように〝必要に駆られて〟頼りにする方法でした。

本章で紹介するパラドックス思考の終着点である「レベル❸」では、問題が起きてから〝必要に駆られて〟対応するのではなく、戦略的かつ主体的に感情パラドックスを「利用」することで、思いも寄らない価値を生み出す方法を解説します。

パラドックス思考の3つのレベル

レベル❶ 感情パラドックスを受容して、悩みを緩和する
レベル❷ 感情パラドックスを編集して、問題の解決策を見つける
レベル❸ 感情パラドックスを利用して、創造性を最大限に高める

「創造性（creativity）」とは、何らかの新しい価値が生み出される現象や、その源となる能力のことを指します。

現状を打破する思いも寄らないアイデアの閃き。多様性を活かしたチームのコラボレーション。社会を変革する事業や組織のイノベーション。現代はさまざまな場面で「創造性」が求められています。

しかしこうした人や集団の「創造性」が、なぜパラドックス思考によって高められるのでしょうか。その理由はアイデアに関する次の2つです。

①**アイデアの受け手の理解**：感情パラドックスの性質を深く「理解」することで、人間の本質を突いたアイデアを生み出せるようになる
②**アイデアの作り手の刺激**：感情パラドックスを積極的に「刺激」することで、現状の延長線上にはない、固定観念を超えるアイデアを生み出せる

1つずつ見ていきましょう。

受け手の感情パラドックスを「理解」することで、本質的なアイデアを生み出せる

パラドックス思考で創造性を高められる第一の理由は、アイデアを享受するユーザーの感情パラドックスのメカニズムに目を向け、その性質を「理解」することで、人間の本質を突いたアイデアを生み出せるようになる点です。

製品にせよ、ITサービスにせよ、イベント企画にせよ、アイデアを創造することの本質は、それを享受する「相手の気持ち」を汲み取ることです。

人間の感情パラドックスの性質を理解していない作り手は、ユーザーの「もっと便利な製品が欲しい」「自分で選ぶのはめんどくさい」「〝よいもの〟を長く使いたい」などという声を鵜呑みにして、それを満たそうとアイデアを考えます。

しかし感情パラドックスを熟知しているあなたは、このユーザーの声の「裏側」に耳を傾けます。そして、語られた声に反する「不便な製品にこそ愛着が湧く」「〝自分で選ん

図表40　ユーザーの声の「裏側」に耳を傾ける

感情A
感情B
もっと便利な製品が欲しい
自分で選ぶのはめんどくさい
"よいもの"を長く使いたい
不便な製品にこそ愛着が湧く
"自分で選んだ"感覚も欲しい
長く使っていると飽きてしまう

だ〟という感覚も欲しい」「長く使っているとどうしても飽きてしまう」という矛盾した感情が存在していることを、察知することができるはずです。

パラドックス思考とは、〝めんどくさいけれど愛らしい、矛盾に満ちた人間の特性〟に寄り添う思考法です。人間の感情にパラドックスが存在していることを理解して、それを「考慮」した発想ができるようになるだけで、あなたが生み出すアイデアは、これまでと違った創造的なものになるのです。

作り手の感情パラドックスを「刺激」することで、固定観念を揺さぶる

パラドックス思考で創造性を高められる第二の理由は、アイデアの「作り手」側の感情パラドックスを積極的に「刺激」することで、現状の延長線上にはない、固定観念を超えるアイデアを生み出せる点です。

第6章で見てきた通り、パラドックス思考の醍醐味は、リフレーミングによる「ものの見方」の転換にあります。

「あちらを立てればこちらが立たず」のパラドックス状況をあえて意識化することで、AでもBでもない、新しい現実を作り出すことができるところに、パラドックス思考の本質的な力があったはずです。

そうであるならば、身の回りに「厄介な問題」が発生してから初めてパラドックス思考に頼るのではなく、積極的に日常に揺さぶりをかけ、意図的に「新しいものの見方」を生み出す手段としても、パラドックス思考は活用可能なはずです。

人間は、長く同じ生活を継続していると、次第に日常に慣れ、いわゆる〝マンネリ化〟していくものです。最初のうちは「何とか現状を変えよう」と考えていても、自分の感情

パラドックスをメタ認知できぬまま時間が過ぎると、徐々に感情パラドックスそのものが鈍化し、自分の感情を押し殺したり、諦めたりすることが「当たり前」になりがちです。

たとえば、同じ職場で1つの仕事を長く続けていると、どんな人でも第2章で紹介した「得意技の罠」に陥ります。

はじめは「同じことを繰り返している」ことに危機感を覚えて、どうにか「新しいスキルを勉強しよう」とか「転職を検討しよう」などと考えていても、惰性で「求められる仕事」を続けていくうちに、「特に問題なく評価されているのだから、まあいいか」と考えるようになって、パラドックスを乗り越えるモチベーションが消失していくのです。

毎日コーヒーを何杯も飲んでいるとカフェインが効かなくなるのと同じで、人は同じような日常を繰り返していると、次第に刺激に鈍くなっていくのです。

だからこそ、意図的に自分自身や周囲の仲間の感情パラドックスを「刺激」することで、平穏な日常に揺さぶりを与え、生活や仕事を創造性に満ちたものに変えることができる。これこそが、パラドックス思考の真骨頂なのです。

パラドックス思考は「キャリア」を彩り豊かにしてくれる

パラドックス思考で高められる創造性は、個人や集団のアイデアだけではありません。長い年月をかけて築いていくキャリアのデザインにおいても、効果を発揮します。

かくいう筆者（安斎）自身のキャリアもまた、パラドックス思考を意図的に利用して、創造性を高めてきた結果といえます。

私は、20代のほぼすべてをアカデミックの業界で過ごしました。大学卒業後に大学院に進学し、修士号を取った後に博士課程に進学しました。２０１５年、30歳になる目前にようやく博士号を取得し、大学院を修了しました。

一般的には、長い年月をかけて博士号を取得したら、いわゆる「就職活動」をして定年まで在籍することができる大学のポストを見つけて、そこで固定給をもらいながら学生の教育と自分の研究を両立できる職場を探します。これが研究者にとっての「安定」したキャリア形成の定石です。

しかし私は、これまで過去の経験を振り返っても【変化⇅安定】の感情パラドックスに振り回されることが多く、過度に「安定」を求めると、現状から「変化したい」欲求が抑圧されて、自分のモチベーションが満たされなくなることが何度かありました。

これまで「研究者としてのキャリアの安定」を目指して博士号を取得してきたにもかかわらず、何となく「このままキャリアを安定させないほうが、面白いかもしれない」と、直感的に思ったのです。

そこで私は2017年、なかば衝動的に、株式会社MIMIGURIの前身となる株式会社ミミクリデザインを創業しました。[*39] 当時は具体的なビジョンや目標があって起業したわけではなく、自分のキャリアを安定させないために、起業したのです。

現在、MIMIGURIはコンサルティング会社であると同時に、文部科学省認定の研究機関としても活動しており、ビジネスと研究の「狭間」で揺れ動きながら創造性を発揮し続けています。

集団的なパラドックス思考で「組織」の創造性を解放する

パラドックス思考は「個人」のアイデアやキャリアを発展させるだけの方法ではありま

＊39　2017年に株式会社ミミクリデザインを創業。2021年に株式会社DONGURIと合併し、株式会社MIMIGURIとなった

せん。集団でパラドックス思考を用いることで「組織」の創造性を発揮する手法としても有効です。

ここでいう「組織」とは、数十人から数万人の企業経営はもちろん、数名のチームの運営や、短期間のプロジェクトマネジメントなどにも適応可能です。

たとえば、アメリカのアウトドア用品メーカーである「パタゴニア」は、2019年に企業理念を一新して次のスローガンを打ち立てました。

「私たちは、故郷である地球を救うためにビジネスを営む」

資本主義社会において〝ビジネスを営む〟ということは、地球の資源を消費しながら「経済的な利益」を生み出すことに他なりませんから、〝ビジネスを営む〟ことと〝地球を救う〟こととのあいだには、一定の矛盾があるように思います。

しかしパタゴニアは〝地球を救う〟ことを主目的として掲げ、それを達成するための具体的な目標をいくつも設定しています。

特筆すべきことは、具体的なマーケティング施策として〝着古してぼろぼろになった洋服〟を意味する「Worn Wear」をキーワードに掲げ、顧客の「買い替え」を抑止する活動

を行っている点です。

本来のビジネスの基本は、一度製品を購入した顧客に別の商品を追加で売ったり、買い替えを促進したりすることで、顧客単価を向上させ、利益を生み出すことです。

しかしパタゴニアは、広告や店頭にて積極的に「必要ないモノは買わないで」「新品よりもずっといい」などと繰り返し呼びかけることで、手持ちの製品を修理しながら長く使い続けることを提案しているのです。

自分たちが顧客に長く使ってもらえる本当に〝よいもの〟を作り、その製造量を「必要最低限」に抑えることで、本気で〝地球を救う〟ことに貢献したい。この姿勢が従業員のよりよいものづくりを模索する試行錯誤を促し、顧客の共感を生み、かえってビジネスの成功要因となっているのです。

他にもたとえば、日本有数の成長企業である株式会社リクルートもまた、1960年の創業以来、人間の矛盾に満ちた性質をあるがままに捉えた「心理学的経営」を基盤にしており、パラドックス思考に基づく経営の先駆と言えるでしょう。[*40]
このように組織全体にパラドックスに溢れたメッセージと戦略を掲げるアプローチは、

＊40　大沢武志（1993）『心理学的経営：個をあるがままに生かす』PHP研究所

下手をすると従業員を混乱させる要因となりますが、うまく使えば創造的なマネジメントのアプローチとしてとても有効です。

その対象は前述した「経営理念」にとどまらず、小さなチームの運営や、短期間のプロジェクトマネジメントにおいても有効です。リーダーやマネージャーが積極的にパラドックスをデザインすることで、集団の創造性を解放することができるのです。

アイデア、キャリア、組織に戦略的に「刺激」を忍ばせる

以上を踏まえて、本章では、パラドックス思考レベル❸「感情パラドックスを利用して、創造性を最大限に高める」の方法を「アイデア発想」「キャリア形成」「組織運営」の3つの場面に分けて解説していきます。

場面（1）アイデア発想：プロダクト、サービス、イベントのコンセプト作りなど
場面（2）キャリア形成：スキル磨き、転職、中長期的なキャリアアップなど
場面（3）組織運営：チーム運営、プロジェクトマネジメント、企業経営など

パラドックス思考レベル❸のアプローチはシンプルです。創造性を高めたい場面において、人間の感情パラドックスを「考慮」しながら、積極的に新たな感情パラドックスを生み出す「刺激」を忍ばせるだけです。

忍ばせる対象は、設定する目標、職場や組織のルール、キャリアの計画や方針、他者への問いかけ、企画のコンセプトなど、多種多様です。次節から具体的に解説していきます。

7.2 パラドックス思考で「アイデア」を揺さぶる

ユーザーの「欲しいもの」には、必ず「嘘」がある!?

まずはプロダクトやサービス、イベントの企画コンセプト作りなど「アイデア発想」の場面において感情パラドックスを戦略的に利用し、思いも寄らないアイデアを導くテクニックを紹介します。

すでに述べた通り、アイデア発想の基本的な考え方は、アイデアの受け手である「ユーザー（利用者）」の気持ちを汲み取って、それを満たすコンセプトや仕様を考えることです。プロダクトやサービスであれば顧客、イベントであれば参加者、テレビ番組や

YouTubeなどであれば視聴者、書籍であれば読者が「ユーザー」です。

ユーザーは何か問題に悩んでいたり、特別な価値を求めて欲望を抱いていたりします。その〝ニーズ〟をプロダクト、サービス、イベント、コンテンツなどの人工物を通して満たしてあげるものこそが、「価値のあるアイデア」だといえます。

アイデア発想のアプローチにはさまざまな手法がありますが[*41]、オーソドックスなやり方は、価値を提供したいユーザーの具体像を設定し、そのユーザーのニーズを丁寧に調査して「何を欲しがっているのか」を明らかにしてから、それを満たすアイデアを検討する方法です。

しかしここで気をつけなければならない点は、どんな属性のユーザーにも必ず「感情パラドックス」が存在していて、しかもユーザー本人はそれに気づいていないことがある、という事実です。結果として、ユーザーは自分自身のニーズについて「嘘」を吐くことがあるのです。

＊41　安斎の前著（2021）『リサーチ・ドリブン・イノベーション：「問い」を起点にアイデアを探究する』（翔泳社）で体系的に解説しています

図表41　ユーザーは自分自身のニーズに「嘘」を吐く

感情A
“黒くて四角いお皿”
が欲しい！
感情B
もらえるなら
使いやすい
“白くて丸いお皿”
がいい

象徴的なエピソードを紹介しましょう。ある食器メーカーがユーザーを集めてグループインタビューを実施したときのことです。多くのユーザーがスタイリッシュなデザインの「黒くて四角いお皿が欲しい！」という意見で盛り上がったはずが、インタビューのお礼に「好きなお皿を持ち帰ってよい」と伝えると、実際には日常生活で使いやすい「白くて丸いお皿」を選んだ、という笑い話があります。*42

ここまで本書を読み進めたあなたならば、この現象の背後には感情パラドックスの基本パターン【素直⇅天邪鬼】【自分本位⇅他人本位】が働いていることを見抜けたはずです。私たちは本当に欲しいものをなぜか素直に欲しいと言えなかったり、他人の目線で「欲しいと言いたいもの」と、自分の目線で「本当に欲しいもの」がズレていたりするのです。

本人は嘘をついた自覚はないし、「黒くて四角いお皿が欲しい！」という意見は決して虚言ではないのだけれど、実際には背後に「矛盾した別の本音」を持っている、ということですね。

ユーザーの「隠れた感情」を暴いて、アイデア発想に活かす

ユーザーの〝嘘〟に騙されずに、真のニーズを捉えたアイデアを発想するためには、ユーザーの感情パラドックスを捉える必要があります。

ユーザーは常に、ニーズを尋ねられると、感情パラドックスのうち自覚が強く、体裁がよい「片側の感情A」のみを回答します。たとえば、次のような「声」が語られます。

例1：週末は仕事のことを忘れて思いっきりリラックスしたい

例2：選択肢が多すぎて選べないので、最適なものを選んでほしい

＊42　株式会社ビービットほか（２００６）『ユーザ中心ウェブサイト戦略：仮説検証アプローチによるユーザビリティサイエンスの実践』ＳＢクリエイティブ

例3：子どもの将来のために、週末の時間とお金を使いたい

これらはすべて「感情A」としては真実なのでしょうが、それに相反する「感情B」もまた保有している可能性があることを、忘れてはいけません。

そこで、第5章で解説した「心の奥底の隠れた感情を発掘するテクニック」のうち「反転感情チェック」を応用してみると、ユーザーの隠れた「感情B」の仮説が見えてきます。

例1：週末は仕事のことを忘れて思いっきりリラックスしたい（感情A）
→平日に積み残した仕事が気がかりなので、週末のうちに片付けたい（感情B）

例2：選択肢が多すぎて選べないので、最適なものを選んでほしい（感情A）
→選べずに迷う時間にも楽しさがあるので、多少は自分で選びたい（感情B）

例3：子どもの将来のために、週末の時間とお金を使いたい（感情A）
→週末は育児から離れて、自分のためにも時間とお金を使いたい（感情B）

ユーザーの感情パラドックスの仮説が立ったら、大事なことは、第6章で解説した「犠

牲のストーリー」で考えずに「両立のストーリー」で考えることです。

いずれかの感情のみに焦点化してしまうと、ありきたりなアイデアにとどまってしまったり、体裁の悪いアイデアに陥ってしまったりします。たとえば、例3を見てみましょう。

例3：子どもの将来のために、週末の時間とお金を使いたい（感情A）
→週末は育児から離れて、自分のためにも時間とお金を使いたい（感情B）

感情Aを単体で満たすサービスはいくらでも存在します。かといって、感情Bに対してストレートに訴求しても、〃教育熱心な親〃であればあるほど、堂々と利用するのは躊躇《ちゅうちょ》してしまいます。

感情AとBはトレードオフの関係ではなく、工夫次第で「両立可能」なのだと信じて、「同時」に叶えるようなアイデアを検討するのです。

すると、たとえば「子どもが土日に親から離れて、自立的に生活する機会」を提供する宿泊型サービスであれば、感情Aと感情Bを同時に叶えられることに気づきます。ユーザーである親もまた「子どものために、親から離してあげる時間が必要です！」と訴求されれば、表向きの感情Aを盾に感情Bを同時に満たすことができて、好都合です。

世界中で大人気の子ども向けの職業体験型テーマパーク「キッザニア」は、ある意味、この感情パラドックスに訴求しているアイデアだといえるかもしれません。

「キッザニア」では、大人は職業体験エリアには入場すら許されないルールになっています。その公式な理由は「子どもの自立性を育むため」ということになっていますが、実際に保護者専用のラウンジに目を向けると、多くの保護者が「束の間の休息」を、リラックスして過ごしている様子が確認できます。

多くの親の感情パラドックスを満たす〝子どものために、仕方なく子どもから離れる〟時間こそが、「キッザニア」の隠れた提供価値だといえるでしょう。

オンライン疲れを乗り越える〝出会えない自己紹介〟

ここで筆者（舘野）が、ユーザーの感情パラドックスをもとに、新しいアイデアにつなげた事例を1つ紹介します。コロナ禍でのオンライン疲れを乗り越える、Zoom上でできる〝出会えない自己紹介〟の方法を開発した事例です。

コロナ禍では、対面でのコミュニケーションが制限され、大学や企業において、授業や研修のオンライン化が求められました。筆者も例外ではなく、大学の授業をすべてオンラ

イン化しました。一応これで最低限の問題は無事に解決したのですが、やはりどうもオンライン上でのコミュニケーションは疲れがたまり、楽しいとは言い難いものです。

そこで、筆者はパラドックス思考を使って「オンラインならでは」の新たなミニワークを開発して、参加者を楽しませることができないかを考えました。最初に、自分の周りの人たちのニーズを探ってみると、次のような回答がありました。

例1：知り合いとばかりコミュニケーションをしているので、新しい人と出会いたい

例2：オンラインでは偶然の出会いがないので、ドキドキしない

これだけを聞くと、新しい人と出会う場をオンライン上で作ればよいかもしれません。しかし、人は矛盾した感情を持っています。筆者はパラドックス思考を活用して、2つの感情パラドックスを想定しました。

パターン【変化⇅安定】

感情A：知り合いだけでなく、新しい人と出会うドキドキ感を味わいたい（変化）
感情B：まったく知らない人と出会うのはリスクがあって怖い（安定）
　→「偶然のドキドキを感じるけれど、安心感がある」

パターン【もっと⇅そこそこ】

感情A：新しく出会った人と新鮮なコミュニケーションをしたい（もっと）
感情B：継続的にコミュニケーションし続けるのは疲れる（そこそこ）
↓「新しい人と出会えるけれど、その場限りのコミュニケーションになる」

この2つのコンセプトをもとに開発したのが「くらやみ自己紹介」です。

これはZoom上で行う自己紹介の方法で、授業や研修の冒頭に活用します。最初に名前を「83《やみ》」にして、カメラをオフにします。この時点で、全員が急に「匿名化」されます。

次に、ランダムで2人組のグループになってもらい、3分間の自己紹介をします。ただし、その場で「名前を名乗ること」や「カメラをオンにすること」は禁止です。グループに入ったら、最初に挨拶をして「この場に参加した理由」などを話します。その後に、一緒に話した人に対して「こんな人のように感じた」と印象を伝えて終了です。

グループでのトークが終わり、メインルームに戻ったら、感想をチャットに書いてもらいます。このときチャットの名前も「83」なので、誰が書いているのかはわかりません。匿名ゆえの高揚感やワクワク・ドキドキした感想がチャットに溢れます。

この方法は「相手の顔や名前」がわからず、グループもランダムで作るため、誰と出会うかわかりません。相手が誰なのかわからないドキドキ感があります。一方で、少なくと

図表42　パラドックス思考を使った「くらやみ自己紹介」

くらやみ自己紹介の準備とルール

【準備】

- まず名前を「83」にしてください
- カメラをオフにしてください

【ルール】

- ブレイクアウトルームに2人組を作ります（1グループは3分です）
- 名前を名乗ること、カメラをオンにすることは禁止です（身バレ禁止）
- まず挨拶をして「この場に参加した理由」をお互い話します
- 次に話を聞いた上で「こんな人のように感じた」と印象を伝えてください
- 余った時間は雑談。3分経ったらメインに戻り「83の匿名チャット」をします

も授業や研修など、どこかのコミュニティ内で行っているため、「まったくよくわからない人」と出会う不安はありません。自分も匿名化されているため、自分のことを把握される心配も少ないので、「変化」と「安心」両方の感情が満たされます。

さらに、新しい人と出会う新鮮な感覚は味わえますが、その人が誰だったのかはわからないので、継続的にコミュニケーションを取る必要がありません。「つながりたい」けれど、「つながりすぎたくない」という欲求を満たすものとなっています。

このミニワークは非常に好評で、大学や企業などさまざまな場所で実施しています。こうしたワークを筆者が思いついたのは、ユーザーの感情Aだけを聞いて場を作るのではなく、感情Bを想定し、「両立のストーリー」を描いたからこそといえます。

既存のアイデアに固定化された「特定の感情」を揺さぶる

ターゲットユーザーが抱えている「感情パラドックス」を想定して、感情Aと感情Bを両立するアイデアを探索するアプローチは、既存のアイデアが「特定の感情」と強く結びついていて、イメージが凝り固まっている領域において特に有効です。

たとえば「カフェ」を題材に考えてみましょう。国内において「カフェ」という飲食店の業態はかなり成熟していて、特に東京都内では飽和状態だと言われています。カフェとは元々は「コーヒー」を飲むための施設ですが、コーヒーの味そのものだけにとどまらず、ちょっとした時間を潰したり、読書をしたり、友人と談笑したり、「リラックスして過ごせる居心地のよい空間」そのものが、中心的な提供価値となっています。

言い換えれば、既存の「カフェ」は、「リラックスして過ごしたい」「居心地がよい」という強力な「感情A」と結びついて、イメージが固定化されているといえるでしょう。

これを逆手に取って、パラドックス思考では「リラックスして過ごしたい」「居心地がよい」に相反する「感情B」を想定してみるのです。たとえば、次のようなものです。

「カフェ」に求める感情Bの候補

- ドキドキする
- 落ち着かない
- 不安になる
- イライラする
- ストレスを感じる
- 緊張する
- 居心地が悪い
- 身の危険を感じる

これらを素材にしてユーザーの「感情パラドックス」の仮説を作り、それを「新しいカフェ」のアイデアを考えるための「お題」にするのです。たとえば、次のようなお題はいかがでしょうか。

アイデア発想のお題の候補

- ドキドキから解放されるカフェ
- 心地よい緊張感を味わえるカフェ

●危険だけど居心地がよいカフェ

やや大喜利のようなお題が出揃いましたが、これについて頭をひねることで、独創的なアイデアを発想するのです。

このような考え方は、よくあるアイデア発想のフレームワークなどでも既視感があるかもしれません。たとえば有名なオズボーンのチェックリストでは、アイデアを考える際に「置換：入れ替えてみたらどうなるか？」「逆転：逆にするとどうなるか？」「結合：組み合わせたらどうなるか？」などの視点から、既存のアイデアの機能や仕様に認知的な操作を加えて、固定観念にとらわれない発想を生み出す考え方が提案されています。

これらの強制的なアイデア発想法とパラドックス思考は、似ているようで異なります。パラドックス思考のポイントは、カフェの「機能」や「仕様」そのものに強制的に変更を加えるのではなく、あくまでユーザーの視点に立って、ユーザーの生々しい「感情パラドックス」を想定して、それを同時に満たすようなアイデアを探索する点です。

前者のようなアイデア発想フレームワークに基づいてブレインストーミングをすると、たいてい「突飛でよくわからない、役に立たないアイデア」が量産されます。もちろん、その中に「光るアイデア」が見つかる可能性もありますが、基本的には〝下手な鉄砲も数撃ちゃ当たる〟のアプローチです。

他方で、パラドックス思考によるアイデア発想では「**矛盾に満ちた人間の本質を捉えた、思いも寄らないアイデア**」が期待できるのです。

試しに筆者（安斎）は、前記のうち「危険だけど居心地がよいカフェ」をお題に、大学生を対象に新しいカフェのアイデアを考える実験的なワークショップを実施しました。人間にとって「居心地のよさ」と「危険さ」という2つの感情について分析を深めた後に、それらが「両立」するようなカフェのコンセプトを考案してもらい、「ＬＥＧＯブロック」でミニチュアの試作品を作ってもらったのです。

その結果「本当にあったら面白いし、利用してみたい！」と思える独創的なアイデアが多数生まれました。たとえば一例を紹介すると、『TAIJI喫茶』という作品は、音も光もない、真っ暗闇の無音空間で、狭い個室で壁に向き合ってコーヒーを飲む、というコンセプトです。

感覚が遮断され、狭く牢獄のようなところで過ごす時間は、一見するとドキドキ落ち着かないようにも思えますが、人には一定数「狭くて暗い、押し入れの中にいると落ち着く」という人がいます。これは一説によると「胎内回帰願望」といって、母親のお腹にいたときの感覚を求めるためと言われています。「胎児」のときの感覚を呼び覚ましながら、壁に向き合い、自分自身とも「対峙」するような、内省的な空間を提供する。そんなコン

「LEGOブロック」で表現した『TAIJI 喫茶』。真っ暗闇の無音空間で、狭い個室で壁に向き合ってコーヒーを飲む、というコンセプト。

セプトのアイデアが生まれました。タイトルの『TAIJI 喫茶』は「胎児」と「対峙」にかかっています。

カフェに強く結びついた「リラックスして過ごせる居心地のよさ」という「特定の感情」だけから発想していては、このような独創的なアイデアは生まれないでしょう。他方で、このアイデアが「でたらめ」なものではなく、どこか人間の本質を突いているような気がするのは「居心地のよさ（安定）」と「危険さ（変化）」の両側面を求める感情パラドックスを捉えているためだといえるでしょう。

7.3 パラドックス思考で「キャリア」を揺さぶる

人生100年時代の「連続スペシャリスト」という生き方

パラドックス思考レベル❸「感情パラドックスを利用して、創造性を最大限に高める」のアプローチは、アイデア発想場面だけでなく「キャリア形成」にも大いに役立ちます。

キャリア形成とは、将来に向けた計画を立てて、スキルを磨いたり、資格を取得したり、職業経験を積み重ねたりすることで、目標を達成していくプロセスを指します。

キャリア形成の考え方が、この10年間で大きく変わろうとしています。

寿命が延びて「人生100年時代」が叫ばれるようになり、これまでの「60代で定年」

の常識は崩れ、80歳まで働くことが普通になるとも言われています。さらには「ＶＵＣＡの時代」と呼ばれるほど、外部環境の変化が目まぐるしい中で、これまで有効だった「スペシャリスト（専門家）を目指す」キャリア戦略が、通用しなくなりつつあります。正確には「１つの専門性」を獲得して、何らかのスペシャリストとして「逃げ切る」作戦が通用しなくなっているのです。

その理由は第2章の「動機の構造」でも解説した通り、変化の激しい時代においては、一度うまくいったことを繰り返して「得意技」を磨き上げることは、長期的には「やり方を変える」チャンスを失い、かえってリスクがあるからです。

「人生１００年時代」を提唱した張本人であるイギリスの組織論学者のリンダ・グラットン氏は、この解決策として「連続スペシャリスト」という考え方を提案しています。[*43]

「連続スペシャリスト」とは、文字通り、特定の領域で専門性を獲得して「スペシャリスト」になったら、そこに定住するのではなく別の新たな領域に挑戦して、複数の専門性を連続的に掛け合わせていくキャリア形成の戦略です。

いわゆる幅広い知識や技術をそれなりに身につけた「ゼネラリスト」と違って、従来の「スペシャリスト」に求められる「深さ」を連続させていく、なかなかにハードな生き方といえるでしょう。

キャリアの〝マンネリ〟を打破するための4つのヒント

激動の時代のキャリア形成は、そのハードさゆえに「悩み」がつきものです。人生100年時代を楽しみ、VUCAを乗り越えるべく積極的に変化し、新しいチャレンジをし続けている人ほど、さまざまな「感情パラドックス」に悩まされることでしょう。

基本的には、本書でここまで解説したパラドックス思考の「レベル❶ 感情パラドックスを受容して、悩みを緩和する」と「レベル❷ 感情パラドックスを編集して、問題の解決策を見つける」で問題を解決していくことが、現代キャリアにおける基本戦略です。

しかしながら、現代のキャリア形成においてもっとも恐れるべきことは、変化を避けていくうちに、いわゆる「マンネリ」な状態が定常化することです。

特に、キャリアにおいて「致命的な問題」が起きておらず、〝そこそこ順調〟な日々を送っていると、マンネリ化のリスクは余計に高まります。キャリアにおける「致命的な問題」とは、たとえば次のようなものです。

＊43　リンダ・グラットン（2012）『ワーク・シフト：孤独と貧困から自由になる働き方の未来図〈2025〉』池村千秋 訳、プレジデント社

- 自分が得意としていたスキルが、ＡＩ（人工知能）で代替できるようになってしまった
- 成長を実感できなくなり、若手の後輩たちに次々に能力も職位も抜かれてしまった
- 焦って転職したが風土についていけず、パフォーマンスが劇的に落ちてしまった
- 不況や災害でリストラにあって、職を失った

このような問題は「キャリアクライシス」と言って、危機的な状況ではあるものの、自分のキャリアについて見つめ直し、何か「変化」を起こそうとするきっかけになります。

こういった危機がないまま「平和」な日々を過ごしていると、心の中にちょっとしたモヤモヤが発生しても「まあ、このくらいは仕方ないか」と我慢するようになり、自分の心の奥底の感情パラドックスに「鈍感」になっていくのです。これを「感情パラドックスの鈍化」と呼びます。

この状態に陥ると、惰性でキャリアを積み重ねるようになり、次第に変化のエネルギーが失われ、新鮮味がないまま「何となくやり過ごす」ことが当たり前になっていきます。これを「まずい」と思えなくなることが、これからの「人生１００年時代」のキャリア形成においてもっとも危険な状況なのです。

「連続スペシャリスト」としてＶＵＣＡ時代の荒波を乗り越えるためには、自分のキャリアにあえて「感情パラドックス」を混ぜ込んで、自分に対して「変化したい欲求」を刺激

して、キャリアに揺さぶりをかけることが有効です。

本節では、キャリアのマンネリを打破して、創造的な変化を生み出すためのヒントとして、次の4つのテクニックを解説します。


キャリアに創造的な変化を生み出す4つのヒント

①惰性で満たされている感情を反転させる
②仕事の目的と手段の関係性を逆転させる
③適度な〝無理ゲー〟を仕立てて自分を鼓舞する
④越境学習とワーケーションで〝外〟を作る

ヒント① 惰性で満たされている感情を反転させる

第一に、これまでの〝順調〟なキャリアにおいて、マンネリ化しつつある「ある程度満たされている感情」を明らかにして、それを反転する方法が有効です。

言い換えれば、これまでのキャリア形成の軸にしてきた自分自身の欲求やニーズを言語化するのです。たとえば、「人の役に立ちたい」「人の話を聞くのが好き」「人前に立って

目立ちたい」などの、素朴な欲求を言葉にします。

ポイントは「憧れ」を挙げるのではなく、すでに実現できていて、自分の〝そこそこ順調〟なキャリアの支えになっているニーズを挙げることです。すると、これらはたとえば次のような理由で、すでに充足されているはずです。

例1：人の役に立ちたい
↓BtoCのサービス運営で、直接的にユーザーの声が届くので満足している
例2：人の話を聞くのが好き
↓営業の仕事で、顧客の悩みを聴くことができているので満足している
例3：人前に立って目立ちたい
↓セミナー講師として、壇上に立つ機会が多いので満足している

これは、あえて疑う必要がない、自分の今の仕事のやりがいを支えている重要な欲求です。しかし逆にいえば、長期的には「得意技の罠」を招き、感情パラドックスを鈍化させ、キャリアを停滞させる要因にもなりえる感情です。

そこで、これらをあえて反転させてみて、それをキャリア形成に組み込んでみるのです。

例1：人の役に立ちたい→**役に立たないものを作ってみる**
例2：人の話を聞くのが好き→**一方的に話す仕事をしてみる**
例3：人前に立って目立ちたい→**裏方で黒子に徹してみる**

これらは本来は自分の関心の「外側」にある感情で、わざわざキャリアに取り入れるべきではない「ノイズ」のように思えます。けれどもこれらは幼少期の「コンプレックス」や、教育された「規範」によって抑圧されているだけで、いざ取り入れてみると意外に自分の潜在的な欲求に合致して、自分をブレイクスルーさせる鍵になることがあります。

まずは短期的に「実験してみる」程度の感覚でよいので、何らかの形で実践してみてください。週末の余暇時間を使ったり、イレギュラーな機会を利用したり、仕事のルールや目標を設定してみたりすることで、試しにやってみるとよいでしょう。

例1：週末に趣味で役に立たないものづくりをしてみる
例2：社内の勉強会講師に立候補し、話す機会を作ってみる
例3：3カ月間は〝目立つ〟ことを禁止し、仲間のサポートに徹する

かくいう筆者（安斎）自身も、20代後半の頃は「自分は起業家やリーダーには向かない。

先人が開拓した領域を、後追いするような研究スタイルが向いている」と考え、大学の研究者としてキャリアを磨いていました。

しかし30代に突入して若干の「マンネリ」を感じ始めたときに、思い切ってこの考え方を反転させてみて、実験的に「起業」を選んでみたのです。しかし最初から「大学を辞める」のはリスクが大きかったため、副業として〝試しに〟起業をしてみたのがポイントでした。今振り返ると、このときの〝実験〟が自分のポテンシャルを拡張させる「キャリアの転機」になったと感じています。

マンネリ化しつつあるキャリア形成を揺さぶるポイントは、これまでのキャリアの蓄積によって生じた「慣性[*44]」を破ることです。

「何となく続けてきたこと」を思い切ってやめてみること。

「何となく避けてきたこと」を新たに始めてみること。

鈍化していた【変化⇅安定】の感情パラドックスを刺激して、キャリアに不安定さを意図的に生み出すのです。

ヒント② 仕事の目的と手段の関係性を逆転させる

キャリア形成に揺さぶりを与える2つ目のテクニックは、仕事の「目的」と「手段」の関係性を逆転させてみることです。

仕事において優先すべきは「目的」で、それを達成するために適切な「手段」を選ぶことが重要です。特に近視眼的に「目的」を見失っていると「手段を自己目的化してはならない」などとよく言われます。

しかしあえて、仕事における「目的」と「手段」の関係性を逆転させてみると、仕事の意味合いに面白い変化が生まれます。

たとえば、ウェブサイトの構築を専門とするあるエンジニアは、日々熱心にコーディング[*45]の技術を学んでいます。このエンジニアにとって「目的」は「快適なウェブサイトを作ること」で、そのための「手段」が「コーディング技術を学ぶこと」です。この「目的」と「手段」の関係性を逆転させてみると、次のようになります。

＊44 ある物体が、外側から力を受けない限り、その物体はその運動状態を保つという性質
＊45 プログラミング言語を使ってソースコードを作成すること

「快適なウェブサイトを作るために、コーディング技術を学んでいる」
←
「コーディング技術を学ぶために、快適なウェブサイトを作っている」

一見すると意味が成立しないおかしな文章に見えますが、解釈を巡らせてみると、新たな考え方が開けます。たとえば、エンジニアにとって長い目で見れば「コーディング技術」を高めることは、専門性を獲得する上で重要な命題です。いわば「コーディング技術を極める」ことを長期的な目的に置いてしまって、普段の業務はその「手段」だと意味づけし直してみるのです。

すると、これまでは顧客の要望とユーザーの快適さに応じて〝必要最低限〟のコードを組んでいたところを、「コーディング技術を極める」ためには新たな試行錯誤の余地が生まれます。

さらには「快適なウェブサイトを作る」ことは手段の1つにすぎないのだとしたら、これまでは「ユーザーに見える部分の構築」に重きを置いていたが、それにとらわれずに裏側の「サーバーやインフラの整備」に挑戦してもいいかもしれないし、そもそも「ウェブサイト」にこだわらなくてもいいかも、などと考えを変えられるかもしれません。

このように、これまでの「手段」をいったん「目的」に置き換えてみることで、【大局

的↑↓近視眼的】に関する新たな解釈が生まれ、キャリアに新しい展開が見えてくるのです。

キャリア形成の有名な理論に「計画的偶発性理論（Planned Happenstance Theory）」と呼ばれる考え方があります。スタンフォード大学の教育心理学者であるジョン・D・クランボルツ氏が提唱したもので、「キャリア形成の大半はあらかじめ想定していなかった〝偶発的な出来事〟に決定される」という考え方です。

たとえば筆者（安斎）にとって、大学の研究職がメインのときには、論文執筆などの研究が「目的」で、企業のコンサルティングなどのビジネス活動はよい研究をするための「手段」でした。それが起業したことで一時的にビジネスが「目的」で、それを支える研究活動は「手段」に入れ替わりました。

しかし今、私が経営するＭＩＭＩＧＵＲＩは、２０２２年2月から文科省認定の研究機関になりました。私たちにとって今は「研究のために、ビジネスをしている」のか「ビジネスのために、研究をしている」のか、きわめて曖昧です。どちらでもなく、どちらでもあるような、まさに【大局的↑↓近視眼的】の感情パラドックスをあえて抱えていることが、ＭＩＭＩＧＵＲＩの偶発性を高める原動力になっていると感じています。

人間にとって「目的」を定めることは重要ですが、事前に目的を計画して固定しすぎる

と、それがかえって予期せぬ「偶然」を阻害する要因にもなりえます。

固定化された「目的」と「手段」の関係性を逆転させ、何のためにやっているのかよくわからない状態をあえて作ることで、偶発的なキャリアの可能性が拓かれるのです。

ヒント③ 適度な〝無理ゲー〟を仕立てて自分を鼓舞する

以上見てきた通り、感情パラドックスを逆手に取ることで、キャリアを揺さぶり、偶発性を高めて、刺激することができます。

そこそこ順調にうまくいっている平和な日々にあえて矛盾を付与するなんてことは、変なことのように思われるかもしれません。そんなことをするなんて、自分を苦しめているだけと感じる人もいるでしょう。

しかし、「自らにハードルを課す」といった行為は、苦しみどころか、むしろ「楽しさ」の源泉になる可能性があります。

それを端的に表しているのが「ゲーム」です。ゲームは一般的に「楽しいもの」と認識されています。

そのゲームの特徴について、哲学者のバーナード・スーツは次のように述べました。

「ゲームをプレイするとは、取り組む必要のない障壁を、自発的に越えようとする取り組みである」[*46]

これはまさに「自分でハードルを置いて、自分で飛ぶ」といった行為です。このように、自分に矛盾を課して、それを解こうとする行為は、ゲームをプレイするような楽しさにつながり、自分を鼓舞する可能性があります。

自らにハードルを課す行為を楽しむためには、適度な〝無理ゲー〟であることが大切です。自らに課す障壁は「低すぎても、高すぎても」いけません。低い障壁をクリアするより、高い障壁をクリアするほうが達成感を感じますが、高すぎる障壁は戦意喪失するだけです。あまりに無茶な矛盾を課すのではなく、「ちょっと難しい」くらいの矛盾で、揺らぎを加えるのがコツです。

そして、ゲームにおいて重要なのは「障壁を自発的に乗り越えようとする」ことです。つまり、「他者から課される」のではなく、「自ら課す」というのがポイントです。

〝無理ゲー〟だらけの世の中と向き合うと、戦意喪失してしまうかもしれませんが、あえて自らを矛盾の環境に置いて、それを解こうとすることは「**矛盾を遊ぶ**」ことに他なりま

---

*46　バーナード・スーツ（2015）『キリギリスの哲学：ゲームプレイと理想の人生』川谷茂樹、山田貴裕 訳、ナカニシヤ出版

せん。このように、自らを適度な〝無理ゲー〟環境に置くことによって、自分を鼓舞することができるのです。

ヒント④ 越境学習とワーケーションで〝外〟を作る

最後に、自らのキャリアを揺さぶる方法として「越境学習」が挙げられます。越境とは「個人にとってのホームとアウェイの間にある境界を越えること」[*47]です。

具体的には、ワーケーションや、社外の異業種勉強会に参加すること、留学、仕事をしながらボランティアをすることなど、幅広い活動が当てはまります。

越境による学びは、自分の居心地のよいホームから離れ、自分の価値観などの前提が通用しないアウェイに行くことで、自らのキャリアに揺らぎを起こす行為です。わざわざ「アウェイ」の居心地の悪さを体験するのは、先ほどの「自らに障壁を課す行為」といえます。

わざわざ居心地の悪さを体験する理由は、「ホームの居心地のよさ」に気がつき、自らの感情を揺さぶるためです。私たちにとって「ホームの居心地のよさ」とは、自分にとって「あまりに当たり前のこと」となっているので、普段は認知することすらできません。

たとえば、「自分の会社の居心地のよいと感じるところを教えてください」と急に説明を求められても、回答することは難しいかもしれません。しかし、もしあなたが他社の話を聞いたり、自分も他社の仕事を経験したりすると、「ああ、やっぱりうちの会社はこういうところがいいのかもな」といったように、よい部分に気がつくことができます。

第5章でも述べた通り、自分の隠れた感情に気がつくのは簡単なことではありません。こうした感情に気がつき、キャリアを揺さぶる刺激を生むためにも、ホームにいるだけでなく、時々アウェイに越境することが重要なのです。

以上の4つのヒントを手がかりに、積極的に自分自身の感情パラドックスを刺激し、キャリア形成の過程を揺さぶること。これが、パラドックス思考レベル❸としての創造的なキャリア形成のアプローチです。

＊47　石山恒貴、伊達洋駆（2022）『越境学習入門：組織を強くする「冒険人材」の育て方』日本能率協会マネジメントセンター

7.4 パラドックス思考で「組織」を揺さぶる

パラドックス思考でコラボレーション時代を乗り越える

ここまでパラドックス思考で創造性を高めるアプローチとして「アイデア発想」と「キャリア形成」の場面で役立つ考え方を解説してきました。

これらは「個人（自分自身）」の創造性を高めるアプローチでしたが、パラドックス思考は「集団」で実践することも可能です。チーム、プロジェクト、企業のマネジメント場面において、そこに参加・所属するメンバーに揺さぶりを与えることで、創造的な成果に導いていくために、パラドックス思考を活用するのです。

そもそも現代は、コラボレーションが重視される時代です。変化が激しく、社会問題が複雑化した時代の中で、もはや個人の専門性や試行錯誤で解決できる問題は少なく、異なる専門性を持った集団が協力することでしか、世の中を前進させることはできなくなっています。

第3章で示した通り、従来のトップダウン一辺倒の「ファクトリー型」の組織では立ち行かなくなり、半トップダウン、半ボトムアップ方式の「ワークショップ型」の組織への転換が求められています。

リーダーは一律に「指令を下す」のではなく、一人ひとりの魅力と才能を「引き出す」力が求められます。その意義と方法論については、拙著『問いかけの作法：チームの魅力と才能を引き出す技術』[*48]において、ミーティングのファシリテーションに焦点化して体系的に解説しました。

従来は人々の「多様性」は〝配慮しなければならないもの〟でしたが、これからはそれに加えて〝積極的に活かすべきもの〟になったといえます。

しかしそこには、さまざまなハードルがあります。肥大化した集団には「同調圧力」が

＊48　安斎勇樹（2021）『問いかけの作法：チームの魅力と才能を引き出す技術』ディスカヴァー・トゥエンティワン

図表43　「ファクトリー型」から「ワークショップ型」の組織へ

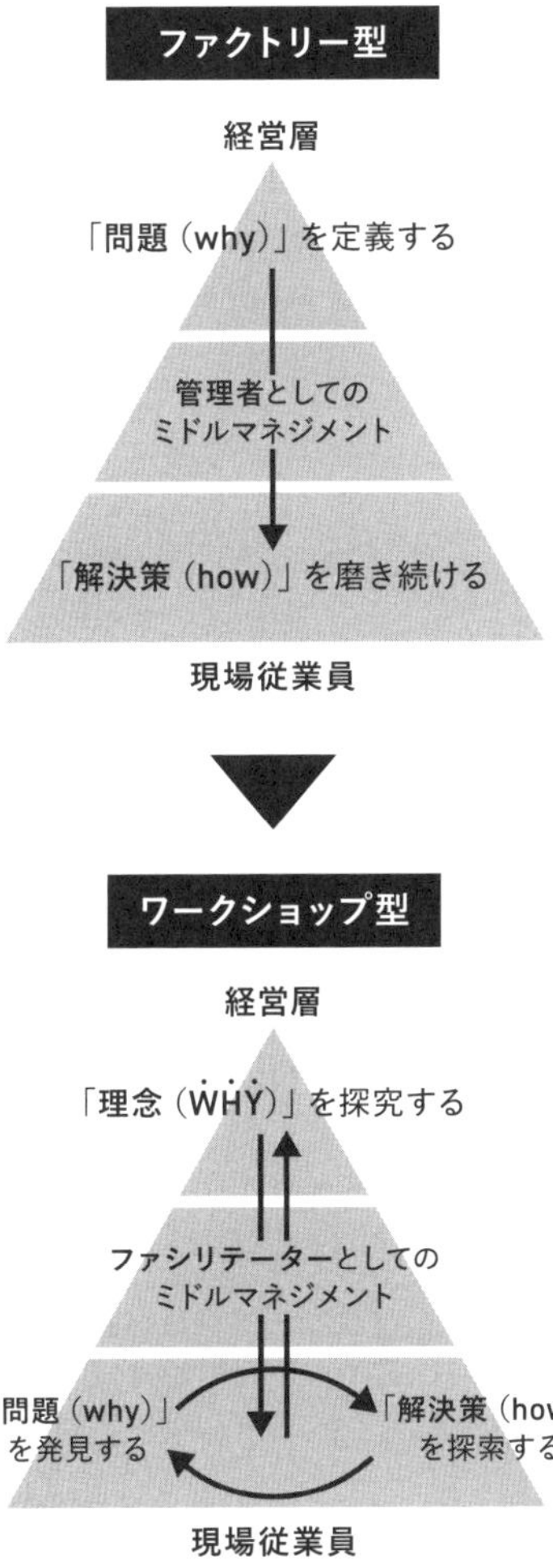

出所：安斎勇樹（2021）『問いかけの作法』ディスカヴァー・トゥエンティワン

生まれ、階層と権力が「忖度《そんたく》」を生み出し、放っておくと「心理的安全性」が失われて発言すらままならない。気づけば、誰も本音が言えない組織で、熱量のこもらない「表層的な意思決定」だけがなされ、組織の創造性は次第に失われていくのです。

組織の創造性を取り戻すためには、構成するメンバーたちの感情を刺激し、そこに活発なコミュニケーションを生み出すことが肝要です。

パラドックス思考のレベル❸では、集団の中に感情パラドックスを積極的に仕掛けることで、組織の創造性を活性化していくことを目指します。

プロジェクトに相反する「2つの目標」を設定する

まずは誰でも実践しやすい「プロジェクト」のマネジメントの工夫から解説していきましょう。

プロジェクトとは、期間内に何らかの目標を達成するために、適切な計画を立て、役割分担をして推進していく方法です。手軽なのは、プロジェクトに相反する「2つの目標」を設定する方法です。

図表44　異なる階層の目標間に「矛盾した要素」を仕込む

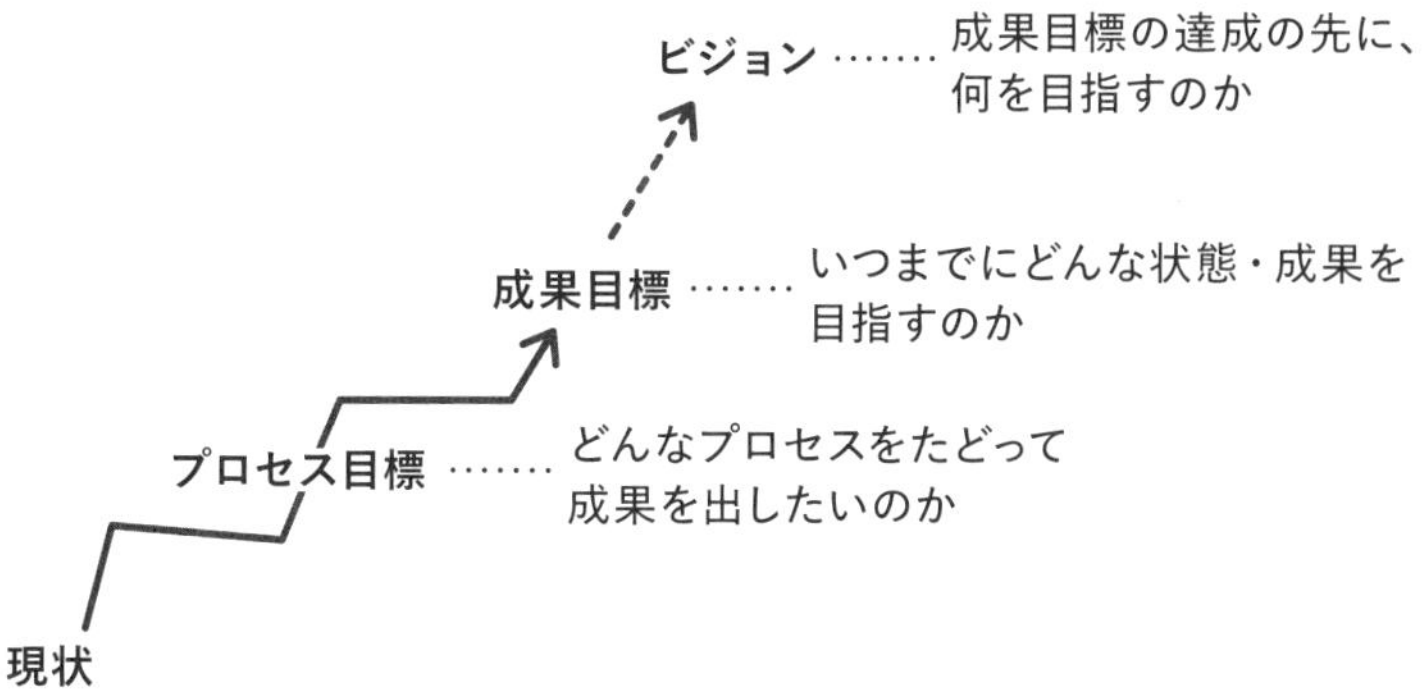
ビジョン……成果目標の達成の先に、何を目指すのか
成果目標……いつまでにどんな状態・成果を目指すのか
プロセス目標……どんなプロセスをたどって成果を出したいのか
現状

プロジェクトの目標設定論にはさまざまな考え方がありますが、拙著『問いのデザイン：創造的対話のファシリテーション[*49]』では、「成果目標」「プロセス目標」「ビジョン」の3点に分けて整理することを提案しています。

- **成果目標**：プロジェクトの期間中に到達したい組織の状態、もしくは生み出したい事業の成果など
- **プロセス目標**：成果目標にたどり着くまでのあいだに、プロジェクトメンバーにどんな変化やコミュニケーションが生まれると望ましいかなど、プロセスにおいて重視したいこと
- **ビジョン**：前述の「成果目標」「プロセス目標」は何のためなのか。その達成の先に、どのような状態を目指すのか、長期的な方向性

この目標設定に2つの相反する目標を混ぜ込むこ

とで、プロジェクトメンバーの感情パラドックスを刺激できないか、検討します。

シンプルなやり方は、「成果目標」そのものと相反する目標を設定することです。これは前述した「危険だけど居心地がよいカフェ」のような、感情パラドックスをアイデア発想のお題に設定するアプローチに相当します。このような矛盾したお題は、チームの話し合いのプロセスを活性化させることも実証研究[*50]で明らかになっています。

しかしプロジェクトマネジメントの場合は、それだけでなく、もう少し〝手の込んだ〟工夫が可能です。たとえば「プロセス目標」と「成果目標」を矛盾させたり、「プロセス目標」と「ビジョン」を矛盾させたりなど、異なる階層の目標間に「矛盾した要素」を仕込むのです。たとえば、次のようなものが考えられます。

例1：顧客一人ひとりの声に丁寧に耳を傾けながら（プロセス目標）、最速でプロダクトをリリースする（成果目標）

＊49　安斎勇樹、塩瀬隆之（2020）『問いのデザイン：創造的対話のファシリテーション』学芸出版社
＊50　安斎勇樹、森玲奈、山内祐平（2011）「創発的コラボレーションを促すワークショップデザイン」日本教育工学会論文誌、35（2）、135-145

「最速でプロダクトをリリースする（成果目標）」だけを考えるのであれば、悠長にユーザー調査をしている暇はありません。けれども「顧客一人ひとりの声に丁寧に耳を傾ける（プロセス目標）」ことも同時に目標にすることで、プロジェクトに自然と【大局的↑↓近視眼的】の感情パラドックスが生まれ、試行錯誤を誘発しやすくなります。

例2：これまでの歴史と伝統を活かしつつ（プロセス目標）、自社の新しい可能性を世に示す（ビジョン）

「自社の新しい可能性を世に示す（ビジョン）」ことを目指すのであれば、自社の強みや制約にとらわれずに、ゼロから新しい発想を考えることができそうです。しかし「これまでの歴史と伝統を活かす（プロセス目標）」ことが制約としてあることで、感情パラドックスの【変化↑↓安定】を揺れ動きながら、何らかの成果を目指すことになるでしょう。

このように「プロセス目標」における「こだわり」と、その先にある「成果目標」や「ビジョン」とのあいだに矛盾を入れ込むと考えやすいはずです。プロジェクトを進める過程で常に感情パラドックスが刺激されることで、創造的なコラボレーションを導くことができます。

メンバー同士の矛盾した感情は「対話」で乗り越える

しかしながら、集団の感情パラドックスを煽《あお》ることは、創造性の発揮を期待できる反面、マネジメントの難易度は当然上がります。

通常ならば良くも悪くも「同調圧力」や「忖度《そんたく》」によってすんなり「合意形成」できていたところに、メンバーの感情に揺さぶりをかけ、多様性を積極的に活かそうとするわけですから、異なる意見の衝突や対立、わかり合えない場面も多々出てきます。

あるメンバーは「ビジョン」を貫こうとして、あるメンバーはそれに反する「プロセス目標」に固執して、折り合いがつかずに「あいつとは考えが合わない！」という場面が出てくるのです。

こうした状況は、集団でパラドックス思考を実践する上では避けられません。むしろこのようなメンバー同士の衝突を「対話」で乗り越えることで、組織の創造性は発揮されます。

「**対話**（**dialogue**）」とは、いま組織マネジメントにおいてもっとも重要なコミュニケーションの方法です。チームのコミュニケーションには主に「対話」の他に、「雑談」「討論」「議論」を含めて4種類があります。

①雑談

雑談（chat）とは、堅苦しくない、自由な雰囲気の中で行われる、カジュアルなコミュニケーションのことです。気軽な挨拶から、情報のやりとりなど、特に目標を持たずに、緩やかに行われます。

②討論

討論（debate）とは、あるテーマについて、意見が割れた場合に、お互いの意見を述べ合い、どちらの意見が論理的に正しいかを決めるコミュニケーションです。当事者で判定できない場合には、第三者が勝敗を決定します。

③議論

議論（discussion）とは、あるテーマについて、チームの合意形成や意思決定をするための建設的な話し合いです。論理的な話の道筋や、主張の正しさ、効率性が重視され、コミュニケーションを通して「チームにとっての最適な結論」を決めることが目的です。

④対話

対話（dialogue）とは、雑談と同じように、自由な雰囲気の中で行われます。しかし、

議論と同じようにあるテーマを定めて、それぞれの意見を述べ合います。議論と明確に異なる点は、**論理や正しさの観点から「チームにとっての最適な結論」を出そうとしない点**にあります。したがって、お互いの意見を戦わせて、勝ち負けを決めようとすることもありません。それよりも、意見の背後に、それぞれのメンバーがどんな「意味づけ」をしているのか、「理解を深める」ことのほうが重要です。自分とは異なる意見が出てきても、「それは違う」「私は反対だ」と焦って判断や評価を下さずに、「この人は、なぜこのような意見を持っているのだろうか」「背後で、何を大事にしているのだろうか」と、暗黙の前提や意味づけに興味を持って、理解しようと努めるのです。

プロジェクトやチームの感情パラドックスを刺激して、意見の対立が起きた際には「討論」や「議論」で解決しようとしないことがポイントです。対立する「感情A」と「感情B」が可視化されたときに「どちらを選ぶことが正しいか?」と考えてしまっては、パラドックス思考は成立しません。

感情Aを重視するAさんと、感情Bを重視するBさんのあいだで「なぜその感情を重視するのか?」について十分に理解し合うことで、初めてそれを乗り越える「C」を模索することができるのです。

組織における「対話」の方法論については、拙著『問いのデザイン:創造的対話のファ

シリテーション』や『問いかけの作法：チームの魅力と才能を引き出す技術』もあわせてご覧ください。

組織の経営理念にパラドックスを埋め込む

チームに「対話」を重視する風土が十分あれば、経営理念やマネジメントメッセージに感情パラドックスを埋め込むことで、組織全体の創造性を発揮させていくことが可能です。

前述した「パタゴニア」の経営理念やマーケティングスローガンである「私たちは、故郷である地球を救うためにビジネスを営む」「必要ないモノは買わないで」「新品よりもずっといい」などがまさにそうです。

組織に対話風土がなければ「地球を救うことが大事なの？」「それともビジネスの発展が大事なの？」などと、AかBかで白黒ハッキリつけたがる従業員たちが「議論」や「討論」を開始し、やがて「地球派」と「ビジネス派」で対立が生まれ、かえって組織の創造性は失われてしまうでしょう。

しかし組織に対話する技術と文化が十分に備わっていれば、このような「矛盾したメッ

セージ」は現場の活力になります。

筆者（安斎）が経営するＭＩＭＩＧＵＲＩの前身である株式会社ミミクリデザインでは、経営理念の１つである「５つのクレド（行動指針）」に感情パラドックスを埋め込んで、パラドックス思考に基づく経営を実践していました。以下に、その全文を掲載します。

1　プロセスとアウトカム

ミミクリデザインは、創造的に課題を解決するファシリテーターとして、クライアントが単独では到達できなかったアウトカムに導くことにコミットしています。しかしながら、私たちは正解を示すコンサルタントではありません。課題を解決するのは、あくまでクライアント自身です。私たちはすべてのプロジェクトがクライアントにとっての主体的な学びの機会であるべきだと考え、アウトカムにこだわりながらも、豊かなプロセスを生み出すことに重きをおいて、プロジェクトに伴走します。

2　共感と触発

ミミクリデザインは、クライアントが抱える悩みに寄り添い、同じ課題に共感した

パートナーとして、プロジェクトに伴走します。しかしながら、クライアントの課題認識が常に正しいとは考えません。私たちは、クライアント自身も気づいていない課題の切り口を探り、クライアントに揺さぶりをかけながら創造性を触発していきます。

3　ラーニングとアンラーニング

ミミクリデザインでは、複雑なプロジェクトを成功させる方法論について、絶えざる研究開発によって体系化し、すべてのメンバーが学び続けています。研究に裏打ちされた学習環境は、組織の熟達を支え、プロジェクトの成功の確実性と再現性を高めています。しかし私たちは同時に、同じ方法を繰り返すことを嫌います。過去の成功には囚われずに、得意パターンをアンラーニング（学習棄却）しながらこれまで取り組んだことのないプロジェクトやアプローチに積極的に挑戦し、新たな〝ミミクリデザイン〟の可能性を探究し続けています。

4　意思決定と判断留保

ミミクリデザインは、日々多くの情報が飛び交うなかで、スピーディに意思決定を下しながら、組織の前進を止めることなくプロジェクトをドライブさせていきます。

他方で、チームにおいて「対話（dialogue）」を重ねる時間も重視しています。対話のコツは、早急な判断を下さずに、多様な意味の解釈と、新たな意味の生成を楽しむことです。「物事を決めて前に進める」だけでなく、あえて「立ち止まる時間」を大切にすることが、組織の進化の糧となると信じています。

5　ペインフルとプレイフル

変わりたくても変われない人や組織が変化をするとき、多くの場合「痛み」が伴います。ミミクリデザインに持ちかけられる相談の多くもまた、クライアントにとっての痛みを取り除く欲求が起点にあり、私たちはその痛みに真摯に向き合います。しかし同時に、人間が幼少期から持っている「遊び心」もまた、大きな変化の原動力となりえます。どうせ変わるならば、その過程を楽しむこと。また、新たな別の可能性を探索してみる遊び心を持って変化を生み出すことを、私たちは心がけています。

このように矛盾する5つの指針を会社全体に浸透させることで、現場のメンバーたちは常に感情パラドックスに揺れ動き、それを乗り越えるための「対話」を繰り返し、組織の創造性を高く保ち続けることができていたと実感しています。

一般的に「リーダー」には矛盾のない首尾一貫した態度が求められがちですが、このように積極的に「矛盾した感情の重要性」をメッセージとして呼びかけていくことは、組織の創造性を保つ上で大切なことなのです。

「水と油」の相容れない集団を融合させ、新たな集団を生み出す

異なる目的を持った「集団A」と「集団B」を「融合」させることで、感情パラドックスに溢れた新たな「集団C」をデザインするアプローチも有効です。

身近な例でいえば、異なるチームや異業種企業同士のコラボレーション企画などが思い浮かべやすいでしょう。たとえば、YouTuber同士のコラボ撮影、話題のアニメと食品のタイアップ広告、ユニクロと有名ブランドの共同商品開発など、私たちの周りには集団同士のコラボレーションが溢れています。

もう少し大規模かつ長期的な「融合」として、企業同士の合併や買収（M&A）[*51]もこれに相当します。企業のM&Aはあまり身近に感じられないかもしれませんが、たとえば「YouTube」は元々はスタートアップ企業でしたが、2006年に「Google」に買収され

たことで、飛躍的な事業成長を遂げました。

他にも日本企業でいえば、大手銀行の「三井住友銀行」は元は「三井銀行」と「住友銀行」でしたし、玩具メーカーの「タカラトミー」は「タカラ」と「トミー」、電機メーカーの「コニカミノルタ」は「コニカ」と「ミノルタ」の合併によって誕生した企業です。まだまだここに挙げた以上にM&Aの事例は豊富で、一般に知られている以上に、実は企業の「融合」は日常的に行われています。

基本的に集団同士のコラボレーションは「共通の目的」を設定して、同業種の「近しい集団」同士で行います。そのほうが融合にあたって衝突やズレが少なく、問題が起こりにくいからです。

しかし集団の融合の醍醐味は、**異なる目的や価値観を持っている「異質な集団」同士を掛け合わせることで、創造的なシナジーを創出できる**点にあります。パラドックス思考を用いて集団を融合させる場合にも、一見すると「水と油」と思えるような、相反する目的やこだわりを持った集団を融合させることで、創造性の発揮を狙います。

＊51　Mergers（合併）and Acquisitions（買収）の略称

パラドックス溢れる「異質な集団の融合」のダイナミズムと面白さを学ばせてくれる題材として、映画化された人気小説『マスカレード・ホテル』（集英社文庫）が参考になります。『マスカレード・ホテル』は、東野圭吾氏の長編ミステリー小説で、映画版では木村拓哉と長澤まさみの主演で話題になりました。

舞台は都内の高級ホテル「コルテシア東京」。東京都内で立て続けに発生した予告殺人事件の次なる犯行現場がコルテシア東京であることが明らかになった中、警視庁捜査一課はコルテシア東京への潜入捜査に踏み切り、エリート刑事の新田浩介（演・木村拓哉）が、ホテルのフロントスタッフに扮して犯人を追いかけることになります。

しかし新田は刑事ですから、ホテルスタッフとしての基本を身につけていません。そこで、コルテシア東京の優秀なホテルスタッフである山岸尚美（演・長澤まさみ）が新田の補佐・教育係として任命され、2人で連携しながら犯人を追うことになるのです。

この作品の醍醐味は、新田と山岸の「噛み合わなさ」です。新田ら捜査員の第一の目的は「容疑者を犯行前に確保し、殺人を防ぐこと」であり、そのために「関係者全員を疑ってかかる」ことが信条です。他方、山岸らホテルスタッフの第一の目的は「お客さまをもてなすこと」で、当然「お客さま全員を信じること」が信条です。

捜査を優先すればホスピタリティが喪失し、ホスピタリティを優先すれば人命が失われるかもしれない。このパラドックスの最中《さなか》で、幾度となく両者は考え方が合わずに、衝突

を繰り返します。しかしその過程で「対話」が起こり、互いの価値観を理解することで徐々に「信頼関係」が芽生え、最後には創造的なコンビネーションを展開していくのです。詳しくは本編をご覧いただければと思いますが、「異なる目的」を持った集団AとBが、ぶつかり合いながらも新たな「集団C」に生まれ変わる様子を楽しむことができる作品です。

異なるこだわりを持った集団を、1枚の「絵」で結び合わせる

私たちMIMIGURIもまた、異なる集団の融合によって生まれた組織です。2020年頃、MIMIGURIはまだ「ミミクリデザイン」と「DONGURI」という別々の会社でした。

ミミクリデザインは、筆者（安斎）が代表を務める、約20名のファシリテーターで構成される「組織開発」の専門会社でした。ファシリテーションによって組織の関係性や個人の衝動を耕し、組織の「目に見えない部分」から変革していくことにこだわりを持っていました。安斎が大学の研究者を兼務していたことから、アカデミックなバックグラウンドを持つことを強みに、大企業を中心的な顧客として、事業成長の最中にありました。

他方、DONGURIは、現MIMIGURIの共同代表であるミナベトモミが代表を務め、約20名のデザイナーやコンサルタントで構成される「組織デザイン」の専門会社でした。組織のCIデザインや事業開発、評価制度設計などを得意としており、いわば組織の「目に見える部分」のデザインにこだわりを持っていました。職人気質の実務家集団で、ベンチャー企業を顧客として、同じく事業成長の最中にありました。

両社は「組織」をキーワードにしている点は共通していますが、それ以外は専門もアプローチも得意顧客も噛み合わない、一見すると「水と油」といえるような、相容れない企業でした。

ところが、ひょんなことから両代表の安斎とミナベが出会い、友人として意気投合しました。そして話せば話すほど、お互いの会社の特性は違えど、根底に「人と組織のポテンシャルを信じている」点で共通していることがわかり、思い切って両社の「融合」を意思決定したのです。

それ以来、代表同士で数え切れないほど話し合い、時に現場マネージャーも総動員でワークショップを繰り返して、両社が「水と油」ではなく「1つの生命体」に融合することの意味と可能性について、何度も対話を重ねました。

その結果生まれたのが、両社が融合することで実現可能な価値のモデル「Creative

図表45　株式会社MIMIGURIの「Creative Cultivation Model」

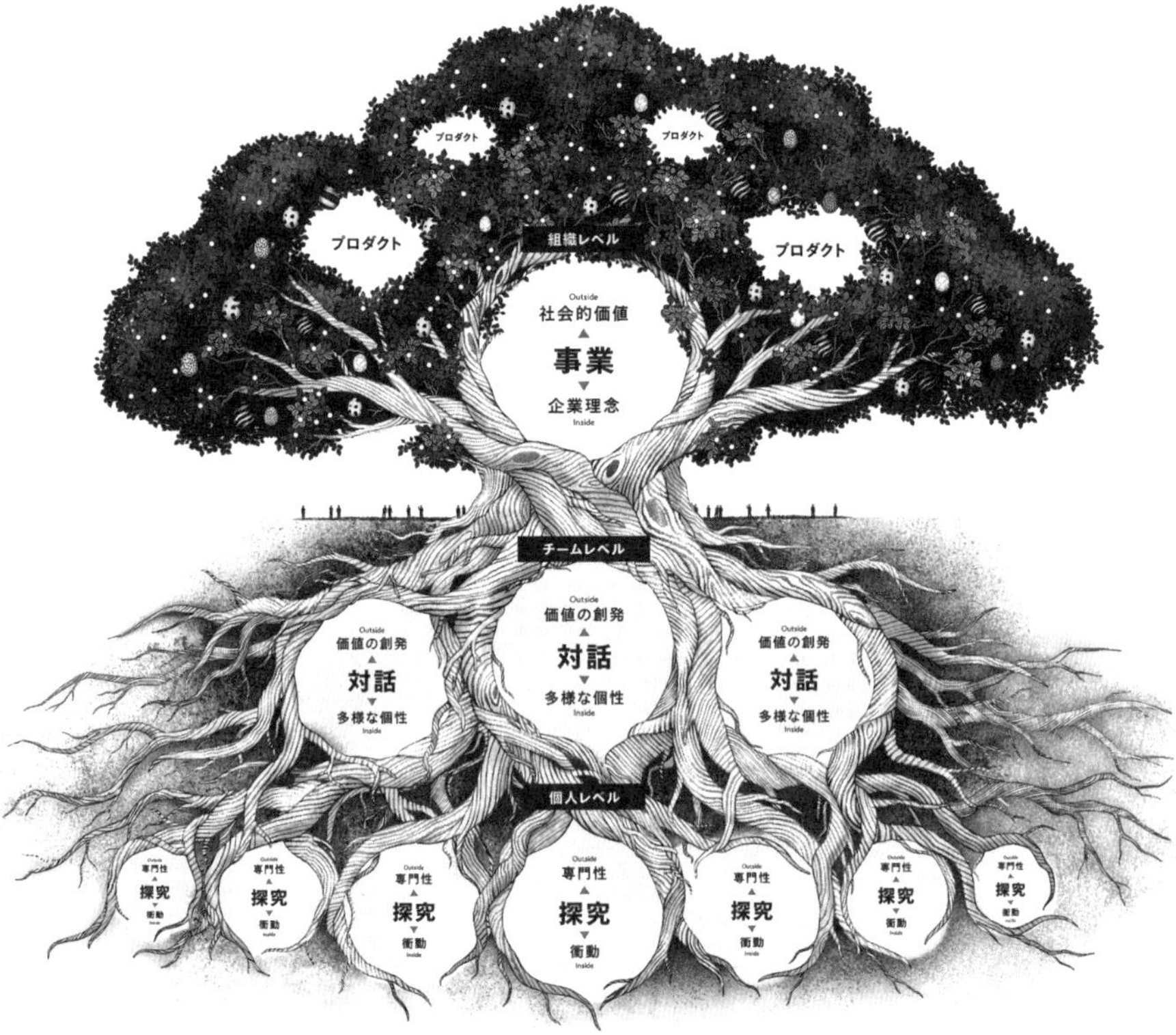

Cultivation Model（通称ＣＣＭ[*52]）」です。組織を「下から」変えていくミミクリデザインのベクトルと、組織を「上から」変えていくＤＯＮＧＵＲＩのベクトルを「樹木」のメタファーを使って止揚させたモデルです。

組織の「目に見えない部分（＝根や土壌）」と「目に見える部分（＝幹や果実）」が有機的につながった創造性に溢れる企業を世の中に増やしたい。そうした想いを込めて、この1つの「絵」にまとめたのです。

両社の矛盾を包含する「1枚絵」ができたことで、旧ミミクリデザインのメンバーと、旧ＤＯＮＧＵＲＩのメンバーの関係性は、異質な「水と油」ではなく「同じビジョンを目指す仲間」として編み直されました。そうして２０２１年に生まれたのが、株式会社ＭＩＭＩＧＵＲＩです。現在はＣＣＭを軸にしながら、約60名の組織に成長しています。[*53]

あえて「矛盾する集団」を混ぜ合わせて、それを正統化するビジョンやストーリーで結び合わせる。これが、パラドックス思考による組織マネジメントの究極系だといえるでしょう。

＊52　詳細はＭＩＭＩＧＵＲＩのウェブサイトをご覧ください。https://mimiguri.co.jp/
＊53　２０２３年２月時点

おわりに

本書『パラドックス思考』は、「厄介な問題」の背後に潜む「感情パラドックス」とどのように向き合い、解決するのか。さらに「感情パラドックス」を利用することで、いかに創造性を最大限に高めるかについて解説してきました。パラドックス思考は、アイデア発想、キャリア形成、組織運営など、さまざまな場面で大いに役立ちます。

本書をお読みいただいた方には、ぜひ「パラドックス思考」を実践していただきたいと考えています。あらためて本書の重要なメッセージと、すぐに実践できるポイントを2つ紹介します。

1 「人間はめんどくさいけれど、愛らしい存在」と考える

「矛盾」は日常生活の中に溢れています。周りの人の言動から矛盾を感じたり、自分自身

にも矛盾を感じることは多くあるでしょう。そんなときには、心の中でそっと「人間はめんどくさいけれど、愛らしい存在だ」とつぶやいてみてください。

パラドックス思考の第一歩は、矛盾を忌《い》み嫌うのではなく、愛することです。矛盾を発見したら、この言葉をぜひ思い出してみてください。

2 「矛盾を遊ぶ」経験を積み重ねる

パラドックス思考は、必要に駆られて対処するだけでなく、積極的にその性質を利用することが創造的であり、何より楽しいです。自分をあえて矛盾の中に置くことは「遊び」の一種と捉えることができます。ぜひ「矛盾を遊ぶ」経験を積み重ねてください。

とはいえ、いきなり何か大きな挑戦をする必要はありません。あえて自分が少し苦手なことをやってみたり、普段とは違うルートで会社や学校に行ったりするところから始めてみるのがよいでしょう。「矛盾を遊ぶ」小さな経験の積み重ねが、自然とパラドックス思考を育んでくれるはずです。

もちろん、我々も引き続き矛盾を遊び、知見をアップデートしていきます。株式会社ＭＩＭＩＧＵＲＩが運営するウェブメディア「ＣＵＬＴＩＢＡＳＥ」では、本書に関する著者同士の対談動画コンテンツ、関連オンラインイベントや実践型のオンライン講座など

を配信・開催する予定です。
パラドックス思考についてもっと学びを深めたい方は、ぜひ気軽にアクセスしてみてください。

https://www.cultibase.jp

さて、最後に、本書を執筆した個人的な想いについて述べます。本書の著者である舘野と安斎は、大学院時代の先輩・後輩の関係で、ともに切磋琢磨してきた仲間であり、大切な友人です。出会った当時から、お互いに「研究と実践」の両立を願いながらも、さまざまな感情パラドックスを抱え、ともに悩んできました。

本書『パラドックス思考』をともに執筆できたのは、一緒にその困難を乗り越えてきた経験があったからです。現在は、舘野は「大学にいながら、企業にも所属」、安斎は「起業しつつ、研究を推進」と、お互いなりの「A and B」のキャリアを歩んでいます。これからも、現状で安定するのではなく、お互いに矛盾を創り出し合いながら、切磋琢磨していければと考えています。

本書は、舘野の専門である「リーダーシップ」と、安斎の専門である「創造性」の交差点になるように、お互いの力を最大限にぶつけ合って執筆した書籍です。「実践的であり、

研究的でもある書籍」を目指した本書を形にできたのは、筆者らの力だけではありません。編集者の大矢幸世さんが、我々の触媒となり、あらゆる面でサポートしてくださいました。本当に感謝いたします。また、本書の執筆・制作全体についてご支援いただいた編集者の小川敦行さんに感謝申し上げます。

最後に、立教大学経営学部の舘野ゼミの学生に感謝を伝えたいと思います。舘野ゼミが始まったのは、2020年のコロナ禍でした。「パラドックス思考」の着想は、その中でゼミ生と一緒に行なった活動から多くを得ています。本当に感謝します。

新型コロナウイルス感染症の拡大によってますます世の中の変化が加速し、無自覚に「感情パラドックス」に悩まされる機会が増える中で、本書が少しでもその悩みを緩和し、具体的な解決策を考えることに寄与できていれば幸いです。

2023年1月

舘野泰一・安斎勇樹

［著者］
舘野泰一（たての・よしかず）
立教大学経営学部 准教授
株式会社MIMIGURI Researcher
1983年生まれ。青山学院大学文学部教育学科卒業。東京大学大学院学際情報学府博士課程単位取得退学後、東京大学大学総合教育研究センター特任研究員、立教大学経営学部助教を経て、現職。博士（学際情報学）。専門分野は、リーダーシップ教育、ワークショップ開発、越境学習、大学と企業のトランジション。主な著書に『これからのリーダーシップ：基本・最新理論から実践事例まで』（共著・日本能率協会マネジメントセンター）、『リーダーシップ教育のフロンティア：高校生・大学生・社会人を成長させる「全員発揮のリーダーシップ」』【研究編・実践編】（共著・北大路書房）など。

安斎勇樹（あんざい・ゆうき）
株式会社MIMIGURI 代表取締役Co-CEO
東京大学大学院 情報学環 特任助教
1985年生まれ。東京都出身。東京大学工学部卒業、東京大学大学院学際情報学府博士課程修了。博士（学際情報学）。研究と実践を架橋させながら、人と組織の創造性を高めるファシリテーションの方法論について研究している。組織イノベーションの知を耕すウェブメディア「CULTIBASE」編集長を務める。主な著書に『問いかけの作法：チームの魅力と才能を引き出す技術』（ディスカヴァー・トゥエンティワン）、『問いのデザイン：創造的対話のファシリテーション』（共著・学芸出版社）、『リサーチ・ドリブン・イノベーション：「問い」を起点にアイデアを探究する』（共著・翔泳社）など。

パラドックス思考
――矛盾に満ちた世界で最適な問題解決をはかる

2023年2月28日　第1刷発行

著　者――舘野泰一・安斎勇樹
発行所――ダイヤモンド社
〒150-8409　東京都渋谷区神宮前6-12-17
https://www.diamond.co.jp/
電話／03･5778･7229（編集）　03･5778･7240（販売）
編集協力――大矢幸世
装丁――小口翔平＋畑中茜（tobufune）
本文デザイン、DTP――岸 和泉
イラスト――田渕正敏
校正――鷗来堂
製作進行――ダイヤモンド・グラフィック社
印刷――加藤文明社
製本――本間製本
編集担当――小川敦行

ISBN 978-4-478-11709-5